Aprendizagem
CONTEXTUALIZADA

Aprendizagem
CONTEXTUALIZADA

Leda Maria Codeço Barone | Márcia Siqueira de Andrade
(Organizadoras)

© 2012 Casapsi Livraria e Editora Ltda.
É proibida a reprodução total ou parcial desta publicação, para qualquer finalidade, sem autorização por escrito dos editores.

1ª Edição
2012

Diretor Geral
Ingo Bernd Güntert

Editora-chefe
Juliana de Villemor A. Güntert

Gerente Editorial
Marcio Coelho

Coordenadores Editoriais
Fabio Alves Melo
Luciana Vaz Cameira

Assistente Editorial
Maria Fernanda Moraes

Produção Editorial
Casa de Ideias

Revisão
Carmen da Costa

Capa
Casa de Ideias

Dados Internacionais de Catalogação na Publicação (CIP)
Angélica Ilacqua CRB-8/7057

Aprendizagem contextualizada. – São Paulo: Casa do Psicólogo, 2012.

Vários autores
Bibliografia
ISBN 978-85-8040-096-0

1. Aprendizagem 2.Linguagem 3. Ética 4. Educação I. Título

12-0045

Índices para catálogo sistemático:
1. Aprendizagem 370.1523
2. Sociolinguística – aprendizagem 370.1523

Impresso no Brasil
Printed in Brazil

As opiniões expressas neste livro, bem como seu conteúdo, são de responsabilidade de seus autores, não necessariamente correspondendo ao ponto de vista da editora.

Reservados todos os direitos de publicação em língua portuguesa à

Casapsi Livraria e Editora Ltda.
Rua Simão Álvares, 1020
Pinheiros • CEP 05417-020
São Paulo/SP – Brasil
Tel. Fax: (11) 3034-3600
www.casadopsicologo.com.br

Sumário

* * *

Apresentação 7

**A parceria entre pesquisadores:
contribuição ao enfoque qualitativo** 13
Nyrma Souza Nunes de Azevedo

**Fatores individuais no processo
de aprendizagem: relações entre autoconceito,
depressão e desempenho acadêmico** 25
Juliana Sbicigo, Luiza de Lima Braga, Guilherme Ebert, Carolina Saraiva
de Macedo Lisboa

**Linguagem e mediação: implicações na
formação do sujeito** 41
Cleomar Azevedo

**O compromisso do educador social em
espaços de aprendizagem não escolar** 57
João Clemente de Souza Neto

Aprendizagem de ética: privilégio de seres humanos 79
Maria Judith Sucupira da Costa Lins

A importância da escolarização em língua
portuguesa para imigrantes no Quebec: o equilíbrio
emocional dos recém-chegados brasileiros 97
Nilce da Silva

Diálogos entre neurociência e educação:
ampliando as possibilidades de inclusão 109
Izabel Hazin, Síntria Labres Lautert, Danielle Garcia

Repetição e simbolização nas brincadeiras de crianças............ 133
Leda Maria Codeço Barone

A atividade de aprendizagem: da origem
a algumas de suas aplicações 147
Maria Laura Puglisi Barbosa Franco

Estudo sobre a correlação entre aprendizagem,
autoconceito e gênero.. 159
Adriana Roberta Almeida Monteiro, Márcia Siqueira de Andrade

Constituição psíquica e
problemas de aprendizagem..175
Silvia Schlemenson

Os professores: concepção e representação da inteligência,
prática pedagógica e aprendizagem 189
Marsyl Bulkool Mettrau

Sobre os autores 209

Apresentação

* * *

Este livro é fruto de estudos e pesquisas realizados pelos integrantes, antigos e atuais, do Grupo de Trabalho "Aprendizagem Humana" da Associação Nacional de Pesquisa e Pós-Graduação em Psicologia – ANPEPP. Os pesquisadores que integram este trabalho são de diferentes instituições nacionais e internacionais, públicas e privadas. Os textos aqui organizados foram apresentados em forma de simpósios e discutidos durante o VII Congresso Norte-Nordeste de Psicologia: Práticas e Saberes Psicológicos e suas Interconexões, realizado em Salvador, Bahia em 2011.

O foco central dos capítulos aqui presentes é o ensino-aprendizagem a partir das diferentes perspectivas que compõem esse processo: a perspectiva social, a subjetiva, a psicanalítica e a escolar, dentre outras. As distintas análises teórico-metodológicas do fenômeno ensino-aprendizagem perpassam enfoques que se encontram na perspectiva interdisciplinar. Além disso, cada pesquisa aqui apresentada reflete uma visão de ciência contextualizada, histórica feita por pessoas, para a compreensão de pessoas.

Concorda-se com Gleiser (1997) quando escreve:

> A ciência vai muito além da sua mera prática. Por trás das fórmulas complicadas, das tabelas de dados experimentais e da linguagem técnica, encontra-se uma pessoa tentando transcender as barreiras imediatas da vida diária, guiada por um insaciável desejo de adquirir um nível mais

profundo de conhecimento e realização própria... é um veículo de autodescoberta que se manifesta ao tentarmos capturar a nossa essência e lugar no universo.[1]

Inicialmente, em "A parceria entre pesquisadores: contribuição ao enfoque qualitativo", Nyrma Souza Nunes de Azevedo busca enfatizar a possibilidade de colaboração entre pesquisadores e grupos de pesquisa, tendo em vista a complexidade do mundo contemporâneo, a rapidez das transformações e a facilidade de comunicação pela via tecnológica. Ressalta a metodologia qualitativa como complementar à quantitativa e apresenta experiências vivenciadas com o referencial, ligadas ao imaginário social.

No capítulo seguinte, o tema central é a questão das relações entre autoconceito, depressão e desempenho acadêmico. Juliana Sbicigo e demais autores apresentam resultados de pesquisa realizada com 25 alunos de escolas municipais. As crianças responderam de forma coletiva a uma escala sobre autoconceito e itens indicativos de humor deprimido. Além disto, foram solicitadas à escola as notas das crianças em algumas disciplinas. Observaram-se correlações significativas entre autoconceito cognitivo e as notas nas disciplinas escolares. Também foi verificada correlação negativa significativa entre depressão e as notas na escola. Os resultados confirmaram a interdependência entre fatores socioemocionais e cognitivos.

Em "Linguagem e mediação: implicações na formação do sujeito", Cleomar Azevedo busca identificar o papel da vontade e da liberdade na formação do sujeito a partir do conceito de linguagem e mediação proposta por Vygotsky e seus seguidores. Reflete sobre o desenvolvimento dos processos psicológicos superiores destacando a internalização, mediação semiótica, zona de desenvolvimento proximal, conceitos cotidianos e conceitos científicos, que são especialmente instrumentalizadores e fazem a relação entre a cultura humana e a formação sujeito. A análise dos conceitos leva a implicações dos processos educativos e de sua relação com o desenvolvimento dos processos psicológicos. A partir de uma síntese do pensamento

---

[1] GLEISER, M. (1997). *A dança do universo: dos mitos de criação ao big bang (p. 17)*. São Paulo: Companhia das Letras.

de Vygotsky e dos conceitos elencados, o texto busca especificar possíveis contribuições para a compreensão do processo de ensino-aprendizagem, assim como apontar relações importantes entre autonomia, liberdade e ação do sujeito em sua própria formação.

No capítulo seguinte, "O compromisso do educador social em espaços de aprendizagem não escolar", João Clemente de Souza Neto reúne apontamentos sobre a práxis do educador social que trabalha em abrigos para crianças e adolescentes, trazendo resultado de pesquisas de intervenção, voltadas à práxis do educador social e à formação da subjetividade, em quatro abrigos da Grande São Paulo. A temática levanta questões sobre o conhecimento pedagógico, a ação do educador e as relações cotidianas, no âmbito do sistema de proteção integral.

Em "Aprendizagem de ética: privilégio de seres humanos", Maria Judith Sucupira da Costa Lins refere-se ao processo de aprendizagem de virtudes trazendo reflexão sobre proposta de modelo de aprendizagem passível de ser aplicado em diferentes contextos escolares. Tomando-se como base a perspectiva da aprendizagem significativa, pesquisada e explicada por Ausubel, Novak e Hanesian (1980) e entendendo ética a partir da filosofia moral das virtudes de Alasdair MacIntyre (2007), implantou-se modelo de aprendizagem para crianças que frequentavam o segundo ano do Ensino Fundamental (antiga primeira série). Esse modelo foi experimentado em escola particular, instalada numa capital do Nordeste brasileiro. A metodologia utilizada reuniu a proposta ausubeliana ao modelo da Escuta Sensível descrito por Barbier (1997) com modificações (Lins, 2007). Foi utilizada a técnica de Bardin (1996) no que se refere à análise de dados. Resultados mostram que os alunos passaram por diferentes etapas de aquisição, construção, retenção e generalização dos conteúdos propostos, compostos pelas virtudes.

Nilce da Silva traz em "A importância da escolarização em língua portuguesa para imigrantes no Quebec" uma instigante reflexão sobre a situação de imigrantes brasileiros instalados na região do Quebec, Canadá, pesquisa elaborada durante o período em que a autora atuou como professora visitante na Université du Québec à Trois-Rivières no ano de 2008 e durante os quatro primeiros meses de 2009, já como professora associada. A partir de pesquisa exploratória faz uma análise de aspectos relativos à política de imigração desse país da América do Norte. Os resultados indicam desvalorização da escolarização feita na língua portuguesa e da cultura lusófona pela sociedade receptora, que se traduz em segregação no mercado de trabalho quebequense, pelo menos, nos primeiros anos da nova vida escolhida. Indica, ainda, que, nesse processo, a necessidade da manutenção do equilíbrio emocional desses imigrantes é fundamental.

Já em "Diálogos entre neurociência e educação: ampliando as possibilidades de inclusão", as autoras Izabel Hazin, Síntria Labres Lautert e Danielle Garcia buscam oferecer subsídios para os educadores sobre os fundamentos neurocientíficos do processo de aprendizagem, aproximando os campos da educação e das neurociências. Inicialmente são discutidas as diversas etapas do neurodesenvolvimento, ressaltando-se que a aprendizagem e o desenvolvimento são resultantes do contexto sócio-histórico-cultural e da maturação do sistema nervoso em constante processo interativo. Em uma segunda parte do capítulo, discutem-se os transtornos de aprendizagem decorrentes de alterações neuropsicológicas nas unidades funcionais, notadamente em relação aos transtornos da linguagem escrita e os transtornos de cálculo. Tais reflexões ilustram a necessidade de se pensar em práticas pedagógicas que promovam a aprendizagem com significado, respeitando as formas atípicas e auxiliando na superação das adversidades com vistas a oferecer às crianças terreno fértil para o pleno desenvolvimento de suas potencialidades.

No capítulo de Maria Laura Puglisi Barbosa Franco, "A atividade de aprendizagem: da origem a algumas implicações" busca-se explicitar os aspectos fundamentais para compreensão da temática. Recupera aspectos da teoria histórico-cultural, que beneficia com um consistente argumento explicativo, sobre a origem da atividade humana e sua relação com o desenvolvimento do psiquismo, da consciência, da personalidade e da atividade psíquica. Explicita relações que podem ser estabelecidas entre esses componentes e a atividade de aprendizagem. No fim, aponta implicações contextuais acerca de elementos implícitos na discussão sobre qualidade de ensino.

Em "Estudo sobre a correlação entre aprendizagem, autoconceito e gênero", Adriana Roberta Almeida Monteiro e Márcia Siqueira de Andrade trazem resultado de pesquisa empírica cujo objetivo foi verificar a correlação entre autoconceito, aprendizagem e gênero. Participaram da pesquisa quarenta alunos do Ensino Fundamental de escolas da Rede Pública e Particular dos Municípios de São Paulo e Osasco. Os resultados obtidos quanto aos níveis de autoconceito demonstram diferenças nos dois grupos considerados: o grupo de participantes portadores de problemas de aprendizagem exibiu menores escores sugerindo rebaixamento do autoconceito. As autoras observaram ainda que o autoconceito de meninos com problemas de aprendizagem é maior do que o de meninas com problemas de aprendizagem.

Continuando na temática da aprendizagem humana, Silvia Schlemenson, em "Constituição psíquica e problemas de aprendizagem", traz resultados de pesquisa que buscou identificar características da oferta simbólica primária necessária para potencializar os processos de simbolização nas crianças. Entre os indicadores dos antecedentes históricos que podem incidir na produtividade simbólica da criança distinguiram-se: a qualidade das relações de origem, o tipo de funções parentais preponderantes, o posicionamento da criança no interior da estrutura parental, o realce dos conflitos predominantes no discurso parental e as situações traumáticas vividas.

Finalmente, em "Representação da inteligência por professores: impacto na prática pedagógica e na aprendizagem", Marsyl Bulkool Mettrau apresenta resultado de pesquisa sobre o impacto das concepções e representações da inteligência em professores do Brasil e Portugal. Reúne reflexões sobre as relações entre inteligência e aprendizagem com base em categorias levantadas a partir de duas questões apresentadas aos respondentes: "Como é que os professores concebem ou representam a inteligência?"; "Indique três características que possam definir um aluno inteligente". As respostas salientam aspectos singulares do comportamento e da realização cognitiva dos alunos, criatividade, imaginação e espírito crítico.

Mais do que trazer respostas, as pesquisas, cujos resultados aqui se apresentam, pretenderam suscitar novas questões e ampliar o debate sobre o processo de ensino-aprendizagem.

A parceria entre pesquisadores: contribuição ao enfoque qualitativo

* * *

Nyrma Souza Nunes de Azevedo

A vida na atualidade passa por grandes transformações. As formas contemporâneas de informação e comunicação nos permitem participar dos fatos e fenômenos de forma instantânea e as trocas virtuais entre pessoas e grupos criam novas realidades que são vivenciadas, principalmente pelas novas gerações, como reais. O tempo e o espaço foram transformados, muito embora o ser humano tenha continuado biologicamente com suas características originais.

No Brasil, verifica-se que há uma crise social que acreditamos não estar pautada somente, como querem alguns, em ter mais ou menos poder aquisitivo ou pertencer a essa ou aquela classe social. Pode-se pensar que o que nos distingue sobremodo diz respeito às nossas crenças, explicações para o mundo, valores e expectativas. Portanto, é o imaginário que temos que vai organizar nossa subjetividade e alimentar as nossas emoções, visto que na indeterminação institucional em que vivemos, aliada à rapidez das tomadas de decisão na vida cotidiana, a palavra motivação parece não caber mais.

Estamos chamando de motivação o que vem dos motivos, aquilo que ativa e desperta o organismo dirigindo-o para um alvo particular e mantendo-o em ação à espera de recompensas (Pfromm Netto, 1987). Estão os motivos, portanto, ligados à razão que trabalha com conceitos de tempo e espaço. Como raciocinar em termos de motivação se a realidade atual parece mudar a todo instante, os valores são de acordo com os interesses do momento, a verdade dos fatos se dá segundo os interesses de cada um ou de grupos? Parece-nos que atualmente agimos impulsionados pela emoção a partir da sedução, "imaginal por natureza, que se baseia numa contraordem estética, não racional, irracional, passional, violenta, bárbara, libertária, irredutível ao utilitário" (Silva, 2006 p. 28) e que promove o prazer imediato.

Em relação às produções científicas, como acreditar integralmente no que existe publicado, se os pressupostos e teorias são frutos de estudos feitos há alguns anos, o que hoje representa séculos em tempos de outrora? Como lidar com a ideologia política e com os interesses de grupos que se manifestam no interior de pesquisas, em detrimento da busca de controle da subjetividade (como aprendemos ao tornarmo-nos pesquisadores)? Como manter a integridade, se o valor dado ao pesquisador é a quantidade de escritos em que seu nome aparece e não a relevância ou fidedignidade que seus estudos apresentam?

Devido às situações levantadas acima, entre outras, que apresentam um quadro de transformações em grande parte da vida social, parece-nos que os estudos sobre o imaginário são mais do que necessários: são imprescindíveis. Sabemos que essa abordagem do conhecimento não é valorizada devido a muitos fatores, tais como a visão positivista que ainda perdura no universo acadêmico e o desconhecimento quase total dos referenciais teóricos dos estudos, entre outros. Interessa-nos aqui defender a necessidade da pesquisa da realidade atual, não apenas através de grandes levantamentos, que acabam nos informando muitas vezes sobre o óbvio, mas, sim, sobre o que estou chamando de sentido da subjetividade de grupos. Considero o sentido ser fruto do imaginário, que acredito ser o alimento das ações presentes e das propostas e intenções futuras. Mais do que nunca, precisamos pesquisar sobre o imaginário social, considerando-o "uma rede, etérea e movediça de valores e de sensações partilhadas concreta ou virtualmente" (Silva, 2006 p. 9), integrante da cultura.

Aspectos sobre pesquisa social no mundo contemporâneo: qualitativa ou quantitativa? Encontramos em Minayo (2006) a definição de cultura expressa por: "a cultura não é apenas um lugar subjetivo, ela abrange uma objetividade com a espessura que tem a vida, por onde passa o econômico, o político, o religioso, o simbólico e o imaginário. Ela é o lócus onde se articulam os conflitos e as concessões, as tradições e as mudanças e onde tudo ganha sentido, ou sentidos, uma vez que nunca há nada humano sem significado e nem apenas uma explicação para os fenômenos" (p. 31). E complementa que saúde e doença importam tanto por seus efeitos no corpo como por suas repercussões no imaginário, sendo ambos reais em suas consequências, o que obriga a uma atenção aos valores, atitudes e crenças das pessoas a quem a ação se dirige.

Essa compreensão de cultura apresentada pela autora remeteu-nos aos estudos de Castoriadis (1991), para quem a instituição social é um magma de significações imaginárias sociais cujo suporte representativo consiste em imagens ou figuras no sentido amplo do termo: fonemas, palavras, cédulas, estátuas, igrejas, instrumentos, enfim, o simbólico expresso em tudo que existe, mas também a totalidade do percebido natural, designado ou designável pela sociedade considerada. "O imaginário social é, primordialmente, a criação de significações e criação de imagens ou figuras que são o seu suporte. A relação entre a significação e seu suporte é o único sentido que se pode atribuir ao termo simbólico" (p. 277). A instituição social é, portanto, histórica e pode ser apreendida no dizer e fazer sociais sempre em transformação.

Tendo em vista a proximidade da abordagem sobre cultura e imaginário social para os autores já citados, o que especifica Minayo (2006) sobre pesquisa em relação à saúde, acreditamos que atende às demandas da pesquisa em outras áreas que lidam com o humano, como é o caso do trabalho investigativo qualitativo sobre o campo do imaginário social. Dessa forma foram selecionados alguns pontos que consideramos relevantes apresentados por Minayo (2006), acrescentados pelas experiências vividas por mim em pesquisas realizadas com grupos de estudos sobre aspectos do imaginário social em diferentes momentos.

São sugeridas pela autora como opções metodológicas iniciais:
- necessidade de se construir uma abertura para modelo de 'investigação por problemas', que rompa com a lógica unidisciplinar e adote estratégias inter e transdisciplinares (...) tal abertura tem como precondição de sua efetividade a cooperação e o diálogo entre investigadores de áreas distintas, em todas as etapas de uma pesquisa;
- a construção de um pensamento complexo, que atua pela busca de interações e interconexões entre conceitos, noções e métodos das várias disciplinas e das relações entre o todo e a parte que um tema específico representa;
- a abertura para um trabalho coletivo, tratando a pluralidade de pensamento e de experiências como elementos de enriquecimento do grupo;
- a articulação dos conhecimentos gerados com as práticas, voltadas para as necessidades concretas da população (Minayo, 2006, p. 17).

Esta é uma forma de trabalho que já ocorre em outras áreas do conhecimento e que atualmente se busca efetivar nas ciências humanas. Para tanto, pensamos ter que se romper barreiras ideológicas, em função de objetivos comuns, o que nos parece apresentar muita dificuldade.

O método quantitativo é reconhecido pela autora como importante para a análise de magnitude dos fenômenos, muito embora apresente críticas a ele. Diz que a forma de legitimação científica tradicional é ainda a quantificação, que, utilizando a mensuração, produz dados em que se baseiam as políticas públicas, o que pode gerar manipulação ligada a interesses de grupos. Acrescenta que para essa visão metodológica "a realidade consiste em estruturas e instituições identificáveis enquanto dados brutos por um lado e crenças e valores por outro e que estas duas ordens são correlacionadas para fornecer generalizações e regularidades" (Minayo, 2006, p. 56). Chama atenção que, sendo valores e crenças realidades subjetivas, sob essa abordagem são consideradas somente a partir de análises quantificáveis.

A pesquisa qualitativa é defendida pela autora citada, que propõe, chamando de sociologia compreensiva, a ideia da "subjetividade como elemento fundante de sentido e defende-a como constitutiva do social e inerente ao entendimento objetivo" (Minayo, 2006, p. 24). Dessa forma, o universo das investigações qualitativas é o cotidiano e as experiências do senso comum, interpretadas e reinterpretadas pelos sujeitos que as vivenciam.

Chama atenção para a necessidade de contextualizações históricas, culturais e estruturais, lembrando que sempre existe uma base material para o universo simbólico. Afirma serem suas metodologias capazes de incorporar a questão do significado e da intencionalidade como inerentes aos atos, às relações e às estruturas sociais, incorporando aí também as transformações. Apresenta o questionamento em relação à impossibilidade de sistematizar em dados estatísticos os aspectos chamados de subjetivos que visam compreender a lógica interna de grupos, instituições e indivíduos em relação a "valores culturais e representações sobre sua história e temas específicos; relações entre indivíduos, instituições e movimentos sociais; e aos processos históricos, sociais e de implementação de políticas públicas e sociais" (p. 23).

Conclui Minayo (2006) que tanto o método qualitativo como o quantitativo podem conduzir a resultados importantes sobre a realidade social, e a combinação deles numa pesquisa constitui-se como desafio, porque na prática científica contemporânea são entendidos como "duas modalidades de investigação com campos teóricos próprios, delimitados e frequentemente antagônicos" (p. 66). Para a autora, a experiência de trabalho com as abordagens quantitativas e qualitativas mostra que elas não são incompatíveis e podem ser integradas num mesmo projeto de pesquisa; que uma investigação de cunho quantitativo pode ensejar questões passíveis de serem respondidas só por meio de estudos qualitativos, trazendo-lhe um acréscimo compreensivo e vice-versa; que o arcabouço qualitativo é o que melhor se coaduna a estudos de situações particulares, grupos específicos e universos simbólicos; que todo o conhecimento do social será sempre um recorte, uma redução ou uma aproximação; que em lugar de se oporem, os estudos quantitativos e qualitativos, quando feitos em conjunto, promovem uma mais completa construção da realidade, ensejando o desenvolvimento de teorias e de novas técnicas cooperativas (Minayo, 2006, p. 76).

Relatos de experiência sobre abordagem teórico-metodológica de pesquisas sobre o imaginário social em educação, visando ao desenvolvimento humano

Como pesquisadora, pude observar ao longo do tempo algumas características e necessidades que demandam cuidados especiais, quando se busca o trabalho investigativo com o imaginário. Em relação à teoria, conheço no Brasil duas abordagens básicas do imaginário que dão suporte às pesquisas em educação. As que estudam a realidade através dos mitos, baseando-se fundamentalmente nos estudos de Gilbert Durand e que têm enfoque predominantemente compreensivo e interpretativo; e as amparadas em conhecimentos voltados para as práticas sociais do cotidiano e que têm geralmente como objetivo as transformações sociais e se apoiam em Cornelius Castoriadis. Embora não sejam excludentes, parecem desenvolver metodologias diferenciadas.

Outro autor bastante conhecido é Michel Maffesoli, para quem o imaginário é sempre social, nunca individual, pois "o imaginário é determinado pela ideia de fazer parte de algo; partilha-se uma filosofia de vida, uma linguagem, uma atmosfera, uma ideia de mundo, uma visão das coisas, na encruzilhada do racional e do não racional" (Silva, 2006, p. 14). Porém afirma que o imaginário não é um determinismo, pois a autonomia individual não desaparece.

Penso que uma das dificuldades de aceitação dessa área de estudos pode ser creditada à incorporação do não racional, assim como ao desconhecimento existente sobre o campo teórico, o que provoca significações sincréticas, nas quais se misturam principalmente conceitos de imagem, imaginação e imaginário com conotação de reprodução, representação, delírio, desejo, ilusão ou engodo. Outro dado que dificulta a ampliação dos estudos é a dificuldade teórica na formulação do aparato conceitual, pois exige estudos do campo simbólico.

Nas pesquisas que desenvolvo buscando elucidar determinadas questões identificadas como nebulosas quando em reflexões acerca das realidades educacionais voltadas para o desenvolvimento humano e a aprendizagem, utilizo o referencial de Castoriadis (1986), para quem o imaginário não é imagem de, "é criação incessante e essencialmente indeterminada (social--histórica e psíquica) de figuras/formas/imagens, a partir das quais somente é possível falar-se de 'alguma coisa'. Aquilo que denominamos realidade e racionalidade são seus produtos" (p. 13). Dessa forma, entra-se nele ao nascer e começar a perceber a si e seu redor, através do mundo simbólico que forma o seu contexto. A narrativa pessoal que dará sentido à realidade e formará a subjetividade será sempre uma manifestação do "magma", da "rede" ou "teia", da "bacia semântica" ou da "aura" de um grupo social, como nomeiam diferentes autores que pensam sobre o imaginário.

Pode-se pensar que o fato de o imaginário ser coletivo leva a que se consiga com uma amostra pequena levantar aspectos da subjetividade de grandes grupos. A dificuldade é encontrar os sujeitos de pesquisa que sejam representativos das nuances encontradas nos grupos, uma vez que não há homogeneidade no humano. Para contornar essa limitação, o pesquisador precisa buscar um conhecimento prévio do universo a ser investigado, de forma a poder estabelecer as diferenças sutis dentro dos grupos e, após identificá-las, desenvolver uma amostra aleatória mas representativa. Por exemplo, num estudo feito com alunos de nível superior, percebeu-se *a priori* que poderia haver diferenças significativas nos dados, em relação aos períodos iniciais e finais em que se encontravam os estudantes no curso. Dessa forma, verificou-se do total o percentual de alunos nos diferentes períodos, e assim foram estabelecidas as amostras que, no fim do estudo, indicaram com maior grau de fidedignidade aspectos do imaginário social daquele universo (Azevedo, 2006). O curioso é que, alguns meses depois, um grande levantamento feito pelo governo, publicado pelos jornais e que envolveu milhares de pesquisados, apontou em uma das suas conclusões o que tinha sido identificado com uma amostra de setenta sujeitos.

Parece-me ser um ponto nevrálgico de pesquisa a técnica utilizada para coleta de dados sobre o imaginário social. A partir do pressuposto teórico de que existe um imaginário instituído e um instituinte (Castoriadis, 1996) no social, acredita-se que os discursos emitidos geralmente referem-se às representações consolidadas no senso comum — as instituídas e que não interessam como material de pesquisa. O que busca o pesquisador é o instituinte, isto é, o sentido, aquilo que está sendo reelaborado internamente pelos sujeitos e que indicará categorias, a partir das recorrências encontradas. Sabe-se, também, que não podem ser desprezados os dados que aparecem como totalmente divergentes e que talvez indiquem novas possibilidades na realidade (Bardin, 2008).

Três fatores foram detectados pelos grupos de estudo, ao longo do tempo de trabalho com pesquisas sobre o imaginário social, como favorecedores na coleta de dados: o lúdico, a rapidez na resposta e a forma como se elabora a pergunta. Esses fatores podem ser explicados teoricamente pela psicologia, mas não é esse o objetivo neste momento. O que se procura é baixar o nível do pensamento racional, de forma que, através da emoção, o sujeito manifeste sua sensibilidade a respeito do que é pesquisado. Quando no grupo de pesquisa utilizamos o questionário, as perguntas são feitas de forma aberta, mas já com provocação para uma resposta pessoal, por exemplo: "Quando estou na sala de aula eu...". Também tentamos criar no questionário um envolvimento lúdico, utilizando ilustrações, com o cuidado de que não influenciem nas respostas. Um exemplo a ser explorado é o modelo gráfico de histórias em quadrinhos. Utilizamos também imagens, sempre buscando o lúdico, para que a pessoa se identifique e em seguida justifique a sua resposta.

Em relação à coleta de dados de forma coletiva temos utilizado a técnica semelhante à que Minayo (2006, p. 272) chama de "chuva de ideias silenciosas" e que intitulamos "Roda do Imaginário" (Azevedo, 1997, p. 80). Trata-se de uma dinâmica de grupo em que, sentados em círculo, cada participante recebe uma folha e escreve livremente sobre o tema. Atendendo a um sinal previamente combinado, as folhas são trocadas em determinada direção e os sujeitos são inteiramente livres para dar, silenciosamente, continuidade à escrita das duas últimas linhas. Ao fim da experiência teremos tantos depoimentos quantos forem os participantes. O clima deve ser lúdico e o segredo é o tempo utilizado para cada momento de escrita individual. Quanto mais rápido, menos é utilizado o pensamento racional. Em geral, cerca de um minuto é o tempo para pessoas com escolarização em nível médio. A dificuldade encontrada é manter a concentração do grupo, porque verificamos que, por ser criada uma atmosfera de liberdade e prazer, alguns sujeitos podem dispersar-se com comentários e risos, atrapalhando a atividade.

Em relação à interpretação dos dados levantados, que trabalhamos predominantemente com a análise de conteúdo (Bardin, 2008), o que ficou claro é que essa análise não deve ser feita de forma solitária, isto porque, ao dividirmos os textos em unidades de sentidos, estas formam categorias em que serão agrupados os sentidos expressos de formas múltiplas. Acreditamos que a significação percebida por um grupo de pessoas ao fazer a análise possa diminuir o grau de subjetividade sempre presente no pesquisador.

Quanto à formação de grupos de pesquisa, o que vivenciei foi a necessidade de tempo para a produção do conhecimento, devido à falta de informação teórica prévia dos participantes aliada à complexidade do estudo. É necessária a familiarização com o referencial teórico-metodológico, aliado ao fato de que o material criado para a coleta de dados é discutido à exaustão e exige uma testagem prévia para verificação de sua eficácia. As análises de dados são demoradas para que sejam criteriosas. Para tal, o material empírico é analisado várias vezes, até que o grupo entre em acordo, dirimindo as diferenças nas percepções dos sentidos expressos pelos sujeitos. Constatei, ainda, que é um estudo que gera muita satisfação pessoal, não somente para a coordenadora da pesquisa, mas também para integrantes alunos que, quando da graduação, permanecem por muitos anos trazendo colegas e quando da pós, mesmo já titulados, muitos continuam interessados.

Conclusão

A elaboração deste trabalho permitiu chamar atenção para a conveniência da efetivação de parcerias com grupos que tenham interesses comuns em pesquisa, inclusive que possibilitem um trabalho complementar ao utilizarem metodologias quantitativas e qualitativas. Buscamos também refletir sobre a necessidade de compartilhamento do conhecimento produzido, tendo em vista a rapidez com que as coisas se transformam no contemporâneo, lembrando que as tecnologias de comunicação e informação de que dispomos anulam distâncias físicas. Ao apresentar depoimentos, como pesquisadora do imaginário social, tive dois objetivos: a intenção de favorecer aos iniciantes na área através do relato de experiências práticas, assim como permitir a crítica, tão necessária para o desenvolvimento do trabalho científico.

Referências

Azevedo, N. (1997). Imaginário social e escola: um estudo sobre emoção e subjetividade sob a ótica de Wallon. *Arquivos Brasileiros de Psicologia, 49*(3), 72-88.

_____. (2006). O futuro professor e a busca do conhecimento: um caso de imaginário? In N. Azevedo (Org.), *Imaginário e Educação: reflexões teóricas e aplicações*. Campinas: Alínea.

Bardin, L. (2008). *Análise de conteúdo*. Lisboa: Edições 70.

Castoriadis, C. (1986). *A instituição imaginária da sociedade*. Rio de Janeiro: Paz e Terra.

Durand, G. (1988). *A imaginação simbólica*. São Paulo: Cultrix.

Maffesoli, M. (1987). *O tempo das tribos: o declínio do individualismo nas sociedades de massa*. Rio de Janeiro: Forense-Universitária.

Minayo, M. C. (2006). *O desafio do conhecimento: pesquisa qualitativa em saúde* (9ª ed.) São Paulo: Hucitec.

Pfromm Netto, S. (1987). *Psicologia da aprendizagem e do ensino*. São Paulo: EPU/USP.

Silva, J. M. (2006). *As tecnologias do imaginário*. Porto Alegre: Sulinas.

Fatores individuais no processo de aprendizagem: relações entre autoconceito, depressão e desempenho acadêmico

* * *

Juliana Sbicigo
Luiza de Lima Braga
Guilherme Ebert
Carolina Saraiva de Macedo Lisboa

A crise da educação brasileira é largamente noticiada e debatida. Os baixos índices de desempenho acadêmico de crianças e adolescentes são uma preocupação recorrente em nosso país (Lisboa & Koller, 2004). De acordo com o relatório da Organização das Nações Unidas para a Educação, a Ciência e a Cultura (Unesco), o Brasil é o país latino-americano que possui a maior taxa de repetência escolar na Educação Básica (Unesco, 2010). Diante dessa realidade alarmante, pesquisadores têm buscado identificar os fatores envolvidos na aprendizagem e como estes estão relacionados com o fracasso escolar (Cia & Barham, 2008).

De acordo com as teorias psicológicas, inúmeros fatores exercem influência sobre os processos de ensino-aprendizagem. Com base na Teoria Bioecológica do Desenvolvimento Humano (Bronfrenbrenner, 1996), Lisboa e Koller (2004) destacaram como fatores multissistêmicos implicados no processo de ensino-aprendizagem os aspectos individuais: habilidades cognitivas, temperamento, competência social, auconceito, entre outros; aspectos contextuais: relações familiares, natureza das relações com os colegas e professores, entre outros, e aspectos não personificados: cultura, valores, ordem socioeconômica, políticas públicas voltadas à educação, entre outros. Ainda quanto aos fatores não personificados, não se pode perder de vista a realidade socioinstitucional das escolas, como, por exemplo, a estrutura física, e questões salariais e pedagógicas dos professores (Hamre & Pianta, 2005).

Desse modo, considera-se serem diversos os aspectos intrapessoais e contextuais dinamicamente envolvidos no processo de ensino-aprendizagem. Assim, neste capítulo, busca-se investigar e compreender a influência de fatores individuais, tais como características cognitivas e emocionais, no desempenho acadêmico dos estudantes (Oliveira, Boruchovitch, & Santos, 2009; Lisboa & Koller, 2009).

Na área da Psicologia Cognitiva, o processo de aprender depende de como as estratégias cognitivas (exemplo: memorização) e metacognitivas (exemplo: automonitoramento) são utilizadas para processar e reter a informação na memória, permitindo a recuperação imediata dessas informações a curto e a longo prazo (Sternberg, 2000). No contexto educacional, a utilização dessas estratégias pelos estudantes tem sido relacionada à capacidade de elaborar e manipular mentalmente os conteúdos escolares, o que, segundo pesquisas, reflete-se no desempenho acadêmico (Oliveira et al., 2009).

Estudos brasileiros indicam que crianças e adolescentes com resultados acadêmicos favoráveis foram aquelas que utilizaram mais recursos cognitivos durante a construção do conhecimento (Costa & Boruchovitch, 2000; Oliveira et al., 2009). Nesse sentido, acessar o desempenho escolar através das avaliações ou notas dos alunos pode ser um indicador importante, embora não o único, acerca do processo de aprendizagem (Oliveira et al., 2009).

É importante destacar que o desempenho acadêmico não expressa apenas o sucesso dos estudantes no uso de habilidades intelectuais, mas pode indicar o grau de êxito no complexo processo psicossocial envolvido no processo de ensinar e aprender (Cia & Barham, 2008). Nessa mesma linha de pensamento, a aprendizagem deve ser vista como um processo amplo, no qual há uma interdependência entre aspectos cognitivos, sociais e afetivos, que se relacionam com atitudes, motivações e interesses na escola. Cabe enfatizar que o ambiente escolar não é apenas um ambiente para aquisição de conhecimentos, mas também um contexto para o desenvolvimento socioemocional de crianças e adolescentes (Lisboa & Koller, 2004; Lisboa, Braga, Sbicigo, & Binsfeld, 2009).

Em relação aos fatores socioemocionais implicados na aprendizagem é o autoconceito (Cia & Barham, 2008; Cunha et al., 2006; Del Prette & Del Prette, 2005; Fröjd et al., 2008; Hong & Ho, 2005; Marturano, 2004; Okano, Loureiro, Linhares, & Marturano, 2004). O autoconceito, construto sobreposto à autoestima, vem sendo investigado em pesquisas nacionais e internacionais que tratam de sucesso e fracasso escolar, sendo apontado como um preditor significativo de dificuldades acadêmicas (vide, por exemplo, Del Prette & Del Prette, 2005; Hong & Ho, 2005). O autoconceito pode ser definido como as representações que cada indivíduo constrói acerca do próprio *self*, que permite interpretar e atribuir significado às experiências, possibilitando a manutenção de uma imagem coerente de si próprio e está intimamente relacionado à noção de competência pessoal (Harter, 1999). Em outras palavras, o autoconceito de uma pessoa refere-se à forma como esta se descreve, como se conceitua, e essas crenças determinam os comportamentos e atitudes dessa pessoa nas interações sociais.

Na década de 1970, Burns (1979) subdividiu ou subclassificou o autoconceito em três dimensões: a *cognitiva*, referindo-se a características cognitivas, de desempenho acadêmico a partir das quais a pessoa se descreve; a *comportamental*, que são atitudes e hábitos autodefinidos pela pessoa com base nas suas autopercepções; e a *afetiva*, que consiste nos afetos e emoções que a pessoa descreve como seus e que acompanham a noção de autovalor ou autoestima. A partir da década de 1980, autoras como Harter (1985, 1999) passaram a investigar o autoconceito na sua relação com o contexto social, o que nos permite compreender como os processos cognitivos e interacionais podem afetar a aprendizagem. Harter (1985, 1999), assim como Burns (1979), considera o autoconceito como multidimensional, que contempla a autopercepção com relação aos domínios escolar (competência acadêmica), físico (aparência física), comportamental (comportamentos), emocional (autoestima) e social (aceitação por outros, popularidade).

Ainda de acordo com Harter (1999), cabe referir que a construção do autoconceito começa na infância. Nesse período, a autoavaliação é de natureza concreta, baseando-se em aspectos comportamentais visíveis. De forma progressiva, o autoconceito passa para uma autodefinição mais abstrata, comparativa e generalizada, de caráter psicológico, cognitivo e social. Nesse processo, o *self* passa a se basear em termos internos e a criança vai descobrindo e elaborando a dimensão social do eu tendo em vista aspectos psicológicos dos próprios comportamentos. Na pré-adolescência, entretanto, a noção do autoconceito torna-se instável, pois o jovem já possui habilidades para refletir sobre os próprios comportamentos e, assim, passa a valorizar mais a percepção que os outros têm sobre si (Harter, 1999).

À medida que o estudante desenvolve capacidades cognitivas mais complexas, o autoconceito vai se diferenciando em múltiplos domínios das diferentes esferas de sua vida. No âmbito acadêmico, o autoconceito consiste nas representações que crianças e adolescentes têm das próprias competências nas tarefas escolares e passa a se distinguir para as diferentes disciplinas e assuntos escolares em geral (Faria, 2002).

Nas últimas quatro décadas, vários estudos têm revelado correlações significativas entre autoconceito e desempenho escolar (Cia & Barham, 2008; Cunha et al., 2006; Del Prette & Del Prette, 2005; Fröjd et al., 2008; Hong & Ho, 2005; Marturano, 2004; Okano et al., 2004). As representações e sentimentos positivos que as pessoas desenvolvem e nutrem sobre si mesmas se refletem no bem-estar individual, na motivação e na forma como os estudantes respondem ao contexto de ensino-aprendizagem. Por outro lado, também foi observado que crianças com problemas acadêmicos apresentaram autoconceito caracterizado por sentimentos de fracasso, incapacidade e inadequação social (Okano et al., 2004).

Entretanto, há divergências na literatura com relação a definir como as dificuldades escolares afetam o autoconceito dos alunos e vice-versa. Alguns estudos sugerem que as crianças com dificuldades de aprendizagem possuem, em geral, um autoconceito mais negativo, quando comparadas a crianças que não apresentam necessariamente dificuldades de aprendizagem (Marturano, 2004; Okano et al., 2004). Outro estudo, porém, aponta que as dificuldades de aprendizagem interferem apenas na construção do autoconceito cognitivo das crianças, sugerindo que o impacto das dificuldades de aprendizagem influenciaria apenas o domínio acadêmico do autoconceito (Stevanato et al., 2003).

O estudo brasileiro de Cia e Barham (2008) investigou relações entre autoconceito e rendimento escolar em 58 pré-adolescentes, que estavam entre a quinta e sexta série do Ensino Fundamental. Foi encontrada correlação positiva entre o autoconceito geral e, especificamente, a dimensão acadêmica com o desempenho em aritmética, escrita e leitura e total do Teste de Desempenho Escolar (TDE). Outro estudo nacional identificou correlações negativas entre autoconceito e dificuldades de aprendizagem na escrita em meninos da 3ª e 4ª séries (Cunha et al., 2006).

Cabe ainda mencionar outro estudo realizado no Brasil (Okano et al., 2004), no qual foi avaliado autoconceito em quarenta crianças de 1ª a 4ª série, que foram divididas em dois grupos: um grupo com dificuldades de aprendizagem e um grupo sem essas dificuldades. Foi verificado que as crianças sem dificuldades de aprendizagem apresentaram um mais elevado autoconceito global, comportamental e acadêmico do que as crianças com baixo desempenho nas disciplinas escolares. As autoras concluíram que crianças com dificuldades acadêmicas se percebem com menor habilidade para aprender e com mais dificuldades comportamentais no que se refere a atender às demandas do meio que aquelas sem problemas de aprendizagem.

Comparando-se crianças com dificuldades de aprendizagem e de comportamento com crianças com adequado desempenho acadêmico, outro estudo brasileiro (Stevanato et al., 2003) mostrou que as crianças com dificuldade de aprendizagem apresentaram autoconceito significativamente mais negativo do que as crianças com adequado e preservado desempenho acadêmico nos escores global e específico. Além disso, esses autores identificaram que as crianças com dificuldades de aprendizagem tendem a perceber a si próprias como diferentes das outras e apresentam sentimentos de inferioridade, insatisfação e ansiedade. Entretanto, convém salientar que, surpreendentemente, não foram encontradas diferenças entre as crianças com dificuldade de aprendizagem quanto à presença de problemas de comportamento.

As experiências de dificuldades acadêmicas são consideradas fatores de risco para a formação/estabelecimento de um autoconceito negativo. De acordo com Stevanato et al. (2003), crianças que têm baixo desempenho em atividades escolares podem atribuí-lo à incompetência pessoal e, em consequência, podem apresentar problemas internalizantes, como sentimentos de vergonha, baixa autoestima, dúvidas sobre seus recursos pessoais para resolver tarefas, dentre outros. Essas crianças podem sentir-se desestimuladas com relação ao ambiente escolar e podem desistir de lidar com as demandas da escola. Em contrapartida, crianças que atribuem seu baixo rendimento escolar às influências externas podem relatar sentimentos de raiva e agressividade com relação aos colegas, professores e ao ambiente escolar como um todo. Segundo os autores, a experiência escolar tem um papel fundamental no desenvolvimento das autopercepções das crianças e, nesse sentido, as crianças com dificuldades de aprendizagem e, consequentemente, avaliações (notas) mais baixas possuem maior probabilidade de desenvolver um autoconceito negativo, principalmente no que se refere ao seu desempenho acadêmico.

Nesse processo, o insucesso escolar mostra-se associado a vários fatores dos contextos de vida dos estudantes como o *feedback* de outros significativos acerca de sua competência pessoal, a opinião dos pares, à qual os adolescentes são sensíveis, e a dos pais. A família e a sociedade esperam de crianças e jovens resultados como produtividade e "boas notas". Desse modo, além de as crianças se autoavaliarem, professores e colegas também as avaliam e tendem a estabelecer comparações sociais com base no desempenho acadêmico (Okano et al., 2004). Nesse cenário, crianças com percepção negativa de si tendem a apresentar um baixo rendimento escolar, o que, por sua vez, fomenta a autoavaliação negativa, mantendo um círculo vicioso de reforçamento (Del Prette & Del Prette, 2005; Hong & Ho, 2005).

Embora as dificuldades de aprendizagem possam contribuir para o desenvolvimento de problemas comportamentais e afetivos, estes também podem, por sua vez, influenciar os sentimentos e comportamentos das crianças com relação às tarefas de aprendizagem. No interjogo entre autoconceito negativo e resultados escolares desfavoráveis não é possível estabelecer relações de causa-efeito. No entanto, sabe-se que a cronificação dessas situações pode acarretar prejuízos psicológicos ao longo do ciclo vital, inclusive na vida adulta. Isto é relevante, uma vez que o autoconceito é considerado por muitos autores (exemplo: Harter, 1985, 1999) como um aspecto relacionado aos traços estáveis de personalidade e, portanto, terá implicações nas formas de pensamento e comportamento das pessoas nas diferentes áreas de sua vida, inclusive na dimensão acadêmica (Marturano, 2004).

Além do autoconceito, aspectos emocionais como sentimentos relacionados à depressão repercutem na motivação para aprender e, consequentemente, no rendimento escolar. Cruvinel e Boruchovitch (2004) realizaram um estudo com 169 adolescentes, da 3ª, 4ª e 5ª séries de uma escola pública de Campinas, e encontraram associações significativas entre rendimento escolar em matemática e sintomas depressivos. O estudo também revelou que os sintomas depressivos se relacionaram negativamente com o repertório de estratégias de aprendizagem utilizadas pelos adolescentes. Ainda, o trabalho de Fröjd et al. (2008) verificou associações entre sintomas depressivos e desempenho acadêmico em 2.516 adolescentes. Os resultados mostraram a existência de relações entre estados de humor depressivo e dificuldades de concentração, leitura e escrita. Esses estudos indicam que a presença de sentimentos e pensamentos depressivos no estudante pode prejudicar a sua capacidade de utilizar, e quem sabe desenvolver e aprimorar, os recursos cognitivos necessários ao processo de apreensão do conhecimento.

Em vista de todas as ideias e resultados de estudos apresentados anteriormente, observa-se que aspectos cognitivos e emocionais dos estudantes influenciam o rendimento escolar. Tendo em vista essas considerações, a presente pesquisa investigou relações entre autoconceito, indicadores de depressão e desempenho acadêmico em crianças, a partir de suas notas em diferentes disciplinas. Mesmo não abarcando toda a complexidade do processo de ensino-aprendizagem, as notas escolares podem ser um importante indicador para se pensar em êxito nas experiências na escola.

Método

Participantes

Participaram do presente estudo 25 crianças, 16 meninos (64%), com idade média de idade de 10,1 anos ($DP = 1,45$). Todas as crianças eram provenientes de escolas municipais da região do Vale do Rio dos Sinos, sul do Brasil.

Procedimentos

Os participantes responderam a um instrumento de autorrelato sobre autoconceito e outro que se referia a indicadores de depressão. Além disto, foram solicitadas junto à escola as notas dos alunos nas seguintes disciplinas: Português, Geografia, Matemática e Educação Física.

Análise dos dados

Com relação ao plano de análise de dados, em primeiro lugar foram verificadas as médias, os valores mínimos e máximos, e desvio padrão das notas das crianças na escola. Em seguida, calcularam-se as correlações de *Pearson* entre as notas e os escores das crianças em autoconceito (nas suas diferentes dimensões) e depressão. Foram verificadas, ainda, as correlações das notas dos alunos com os escores que se referiam a indicadores de depressão.

Resultados

A disciplina que obteve maior média, sugerindo melhores resultados foi Educação Física ($M = 8{,}1$; $DP = 0{,}8$), seguida por História ($M = 7{,}3$; $DP = 1{,}2$), Português ($M = 6{,}8$; $DP = 1{,}2$), Geografia ($M = 6{,}5$; $DP = 1{,}5$) e Matemática ($M = 6{,}5$; $DP = 1{,}9$).

Foi possível constatar uma correlação positiva entre o autoconceito geral das crianças e a nota de matemática ($r = 0{,}44$; $p \leq 0{,}05$). Verificou-se, também, correlações positivas entre o autoconceito cognitivo e as notas de português ($r = 0{,}55$; $p \leq 0{,}05$), matemática ($r = 0{,}40$; $p \leq 0{,}05$) e história ($r = 0{,}52$; $p \leq 0{,}05$).

Constatou-se uma correlação significativa apenas com as notas das crianças na disciplina de Educação Física. Convém enfatizar que essa correlação foi negativa ($r = -0,41$; $p \leq 0,05$), sugerindo que quanto mais deprimida estiver a criança, menor será o seu desempenho nessa disciplina.

Discussão

Neste capítulo foram investigadas relações entre autoconceito, indicadores de depressão e desempenho acadêmico em crianças, a partir das notas escolares. A associação positiva verificada entre autoconceito e rendimento escolar confirmou achados de outras pesquisas realizadas no Brasil indicando a influência mútua entre esses fatores (Cia & Barham, 2008; Cunha et al., 2006; Del Prette & Del Prette, 2005; Marturano, 2004; Okano, Loureiro, Linhares, & Maturano, 2004). Entretanto, ao contrário de estudos que revelaram associações do desempenho escolar com todas as dimensões do autoconceito (Cia & Barham, 2008; Cunha et al., 2006), este estudo encontrou associação significativa entre autoconceito especificamente cognitivo e rendimento nas disciplinas investigadas. Esse fato não invalida estudos anteriores e tampouco sugere que as demais dimensões do autoconceito, além da cognitiva, não estejam relacionadas ao desempenho da criança na escola. Entretanto, esse dado permite concluir que o processo de ensino-aprendizagem e o autoconceito são construtos complexos e sensíveis ao contexto, podendo variar de estudo para estudo. Além disso, a associação da dimensão cognitiva a uma esfera do desenvolvimento cognitivo das crianças (desempenho acadêmico) sugere um grau de especificidade do autoconceito dos seres humanos, indicando que uma mesma pessoa pode se ver competente em determinada área e não em outra.

Pode-se também pensar que crianças com autoconceito mais elevado no domínio acadêmico são aquelas que possuem representações positivas acerca de sua competência para realizar tarefas escolares (Harter, 1985, 1999). Essas crianças também têm mais autoconfiança, o que se reflete no seu desempenho acadêmico. De forma complementar, é possível inferir que são crianças mais persistentes nas atividades escolares e que utilizam variadas estratégias cognitivas durante os processos de ensino-aprendizagem (Cruvinel & Boruchovitch, 2004). Por outro lado, os dados também permitem pensar o inverso, ou seja, que crianças com baixo autoconceito podem experimentar o insucesso escolar e tal fato pode influenciar na autopercepção desses estudantes e nas suas dificuldades de aprendizagem (Del Prette & Del Prette, 2005; Hong & Ho, 2005).

Também foram investigados indicadores de depressão nessas crianças e a relação entre esses aspectos emocionais e o rendimento acadêmico. Verificou-se que quanto mais indicadores de depressão, menor desempenho nas notas da disciplina de Educação Física, mas essa relação inversa não foi verificada com relação às notas nas outras disciplinas — Português, Matemática, Geografia e História. Esse dado sugere um impacto negativo de indicadores de humor deprimido sobre o engajamento de crianças em atividades lúdicas e/ou esportivas. É possível supor que crianças que apresentam indicadores de depressão se retraiam mais e tenham dificuldades para se incluir nas atividades esportivas, que exigem maior interação grupal, quando comparadas às atividades propostas nas outras disciplinas em sala de aula, as quais geralmente são realizadas individualmente. Além disso, a depressão está relacionada à baixa autoestima (Cruvinel & Boruchovitch, 2004), o que pode dificultar o desempenho das crianças nessa disciplina em função da excessiva preocupação com o julgamento dos colegas e professores. Ainda, o fato de não terem sido encontradas correlações inversas entre indicadores de humor deprimido e as demais disciplinas pode também estar associado à faixa etária da amostra investigada, fase do desenvolvimento em que capacidades psicomotoras são mais valorizadas e enfatizadas que aquisição de conteúdos acadêmicos. Convém também comentar que esse resultado está relacionado à importância do grupo de pares e à aceitação/julgamento de colegas e amigos que se torna mais explícita nas atividades grupais de Educação Física do que em outras disciplinas com suas atividades específicas.

Retomando-se o conceito mais amplo de aprendizagem, sabe-se que as interações entre pares favorecem relações interpessoais saudáveis, auxiliando a adaptação da criança às tarefas da escola (Lisboa & Koller, 2004). Nesse sentido, é possível pensar que as crianças que possuem dificuldades em realizar as tarefas de Educação Física tenham também mais dificuldade para estabelecer relações de amizade e sintam-se tristes, consequentemente. Essas crianças podem, assim, apresentar sentimentos de inferioridade ao se compararem com outros jovens que apresentem melhor desempenho nas aulas de Educação Física e, ainda, que possuam mais amigos. Assim, os indicadores de depressão podem ser tanto consequência do baixo rendimento nas aulas dessa disciplina quanto causa de um rendimento negativo.

Os resultados desse estudo ressaltam a importância das dimensões sociocognitivas e afetivas no rendimento acadêmico dos estudantes, dado que o autoconceito, nos seus diferentes domínios, é composto por essas três dimensões (Burns, 1979; Harter, 1985, 1999). A mútua e dinâmica influência entre autoconceito e desempenho acadêmico também vem sendo evidenciada em outras pesquisas nacionais realizadas com estudantes da educação básica (Cia & Barham, 2008; Cunha et al., 2006; Okano et al., 2004). Nessa direção, é importante que o conhecimento derivado dessas pesquisas se traduza em ações direcionadas a estudantes com dificuldades de aprendizagem nas escolas, uma vez que lidar com o baixo desempenho acadêmico é uma tarefa emergencial e desafiadora no Brasil (Okano et al., 2004; Unesco, 2010). Nessa linha de raciocínio, os resultados desse estudo permitem pensar na disciplina de Educação Física e na necessidade de valorizar essa área de atuação e conhecimento. Ou seja, as aprendizagens nessas aulas podem ser relevantes para o processo de aprendizagem como um todo, assim como para o desenvolvimento social e emocional infantil, prevenindo comportamentos de risco. Orientação específica a professores e, talvez, mais períodos dessas atividades para determinadas faixas etárias, seguidas de adequados trabalhos e reflexões, podem ser intervenções benéficas e interessantes.

Embora não se tenha uma resposta pronta acerca de como atuar diante desse problema, os achados dos estudos disponíveis podem servir de base para propostas de intervenção. Há consenso entre pesquisadores de que programas de reforço ou de suporte psicopedagógico não devem focalizar apenas em questões acadêmicas de natureza cognitiva, mas precisam abrir espaço para a abordagem de questões socioemocionais (Cia & Barham, 2008; Okano et al., 2004). De acordo com Marturano (2004), crianças que passaram por programas de apoio ou reforço escolar, que focalizavam tanto nas questões cognitivas quanto nas interpessoais, foram aquelas que apresentaram mais progressos escolares e redução de problemas emocionais quando comparadas a crianças atendidas em programas com foco nos aspectos acadêmicos. O trabalho sobre os aspectos interpessoais das crianças tem sido defendido por Marturano (2004) como uma forma de potencializar o desenvolvimento socioemocional e, em última análise, a aprendizagem. Para a autora, esse trabalho pode ser realizado através do treinamento em habilidades sociais voltadas às crianças e, inclusive, aos seus pais.

Silva e Fleith (2005) ressaltam que as escolas deveriam incluir em seus programas de ensino atividades que valorizassem nos alunos atitudes de autonomia, iniciativa e criatividade para resolução de problemas. Esses autores enfatizam também a importância do psicólogo escolar na tarefa de estimular e orientar educadores e pais sobre a influência de variáveis socioemocionais no desempenho escolar dos jovens.

Adaptar-se à escola e lidar com as demandas sociais desse contexto, embora seja uma tarefa essencial na infância, pode não ser tão simples para as crianças. Infelizmente, tal adaptação, embora normativa, pode ser um problema para crianças que apresentam dificuldades de aprendizagem, baixo autoconceito e baixo rendimento na escola (Lisboa & Koller, 2004). Nesse sentido, é importante que novas propostas de intervenção ou que intervenções já existentes sejam avaliadas quanto à sua efetividade no que diz respeito aos aspectos psicológicos de crianças e adolescentes com dificuldade de aprendizagem e interação social na escola (Cia & Barham, 2008). Essas ações viabilizarão a sistematização do conhecimento sobre o tema e facilitarão a replicação das intervenções em diferentes contextos.

Considerações finais

Cabe destacar que esta pesquisa foi realizada com apenas uma escola e com estudantes que pertenciam a escolas municipais, o que não permite a generalização dos achados. Além disto, trata-se de um estudo correlacional e, por essa razão, não se pode inferir relações de causalidade. Embora os dados sejam ricos e permitam importantes reflexões, sugere-se que, em estudos futuros, sejam utilizadas amostras maiores, sob critérios de aleatoriedade, e triangulação entre fontes de dados quantitativas e qualitativas, o que contribuirá para a validade ecológica dos achados. Finalmente, delineamentos longitudinais poderão investigar mudanças nos padrões de mútua influência entre autoconceito e desempenho acadêmico em crianças e adolescentes do Ensino Fundamental.

Referências

Bronfrenbrenner, U. (1996). *A ecologia do desenvolvimento humano: experimentos naturais e planejados*. Porto Alegre: Artes Médicas.

Burns, R. B. (1979). *The self-concept*. London: Longman.

Cia, F., & Barham, E. J. (2008). Estabelecendo relação entre autoconceito e desempenho acadêmico de crianças escolares. *Psico, 39*(1), 21-27.

Costa, E. R., & Boruchovitch, E. (2000). Fatores que influenciam o uso de estratégias de aprendizagem. *Psico-USF, 5*, 11-24.

Cruvinel, M., & Boruchovitch, E. (2004). Sintomas depressivos, estratégias de aprendizagem e rendimento escolar de alunos do ensino fundamental. *Psicologia em Estudo, 9*(3), 369-378.

Cunha, C. A., Sisto, F. F., & Machado, F. (2006). Dificuldade de aprendizagem na escrita e o autoconceito num grupo de crianças. *Avaliação Psicológica, 5*(2), 153-157.

Del Prette, Z. A. P., & Del Prette, A. (2005). *Psicologia das habilidades sociais na infância: teoria e prática*. Petrópolis: Vozes.

Faria, L. (2002). A importância do autoconceito em contexto escolar. In C. M. Lopes Pires, P. J. Costa, S. Brites, & S. Ferreira (Orgs.), *Psicologia, sociedade e bem-estar* (pp. 87-98). Leiria: Editorial Diferença.

Fröjd, S. A., Nissinen, E. S., Pelkonen, M. U., Marttunen, M. J., Koivisto, A. M., & Kaltiala-Heino, R. (2008). Depression and school performance in middle adolescent boys and girls. *Journal of Adolescence, 31*(4), 485-498.

Hamre, B. K., & Pianta, R. C. (2005). Can instructional and emotional support in the first grade classroom make a difference for children at risk of school failure? *Child Development, 76*, 949-967.

Harter, S. (1985). *Adolescent self-perception profile*. Manuscrito não publicado.

_____. (1999). *The construction of the self: a developmental perspective*. New York: Guilford Press.

Hong, S., & Ho, H. (2005). Direct and indirect longitudinal effects of parental involvement on student achievement: Second-Order latent growth modeling across ethnic groups. *Journal of Educational Psychology, 97*(1), 32-42.

Lisboa, C. S. M. & Koller, S. H. (2004). Interações na escola e processos de aprendizagem: fatores de risco e proteção. In J. A. Bzuneck & E. Boruchovitch (Orgs.), *Aprendizagem: processos psicológicos e contexto social na escola*. (pp. 201-224). Petrópolis, RJ: Vozes.

_____. (2009). Factores protectores y de riesgo para la agresividad y victimización en escolares brasileños: el rol de los amigos. In C. Berger & C. Lisboa (Orgs.), *Agresión en contextos educativos: reportes de la realidad latinoamericana*. Santiago: Editorial Universitaria.

Lisboa, C. S. M., Braga, L. L., Sbicigo, J. B., & Binsfeld, A. (2009). Aprender com amigos, ensinar os amigos: relações entre amizade e processos de aprendizagem. In J. C. S. Neto & M. S. Andrade (Orgs.), *Aprendizagem humana* (pp. 220-241). São Paulo: Expressão e Arte.

Marturano, E. M. (2004). Fatores de risco e proteção no desenvolvimento socioemocional de crianças com dificuldades de aprendizagem. In E. G. Mendes, M. A. Almeida, & L. C. A. Williams (Orgs.), *Avanços recentes em Educação Especial* (pp. 159-165). São Carlos: EDUFSCar.

Okano, C. B., Loureiro, S. R., Linhares, M. B. M., & Marturano, E. M. (2004). Crianças com dificuldades escolares atendidas em programa de suporte psicopedagógico na escola: avaliação do autoconceito. *Psicologia: Reflexão & Crítica, 17*(1), 121-128.

Oliveira, K., Boruchovitch, E., & Santos, A. (2009). Estratégias de aprendizagem e desempenho acadêmico: evidências de validade. *Psicologia: Teoria e Pesquisa, 25*(4), 531-536.

Silva, S., & Fleith, D. S. (2005). Desempenho escolar e autoconceito de alunos atendidos em serviços psicopedagógicos. *Psicologia Escolar e Educacional*, v. 2(5), 235-245.

Sternberg, R. J. (2000). *Psicologia cognitiva* (M. R. B. Osório, trad.). Porto Alegre: Artes Médicas. (Trabalho original publicado em 1996)

Stevanato, I. S., Loureiro, S. R., Linhares, M. B. M., & Marturano, E. M. (2003). Autoconceito de crianças com dificuldades de aprendizagem e problemas de comportamento. *Psicologia em Estudo*, v. 8(1), 67-76.

Unesco (2010). Relatório de Monitoramento Global de Educação para Todos 2010. Paris: Unesco.

Linguagem e mediação: implicações na formação do sujeito

* * *

Cleomar Azevedo

O mundo da cultura construído pelo homem possui uma riqueza inconfundível quando nos deparamos com o nosso percurso histórico e verificamos sua evolução, uma evolução que cada vez mais apresenta mudanças e novos conhecimentos. No século XXI temos um avanço em vários segmentos que necessitam cada vez mais de uma formação competente para poder compreender e atuar neste novo universo.

A aprendizagem tem função primordial neste contexto, pois necessitamos compreender o que significa a cultura humana, para podermos a partir desse princípio elementar desenvolver e construir um conhecimento que seja significativo e nos leve a uma sociedade igualitária na qual todos os sujeitos tenham acesso às oportunidades e ao seu próprio desenvolvimento.

Para que possamos desenvolver o potencial do ser humano a aprendizagem é fator fundamental e devemos investir todos os nossos esforços para que esta ocorra de maneira significativa, coerente e com qualidade, pois, se assim não for, estaremos privando os sujeitos dos bens acumulados pela humanidade, em especial da sua própria cultura e do seu desenvolvimento.

Nos estudos voltados à aprendizagem tenho particularmente interesse pelo processo de mediação e as relações entre pensamento e linguagem nas quais podemos levantar inúmeras contribuições nesse processo de desenvolvimento e aprendizagem do sujeito.

A linha teórica que subsidiará esta reflexão acerca da mediação e a linguagem é a da Psicologia Sócio-histórica, tentando levantar algumas questões pertinentes à sua fundamentação e às relações possíveis nesse processo de aprendizagem do sujeito.

A teoria sócio-histórica e o pensamento de Vygotsky

Diferentes áreas do conhecimento estão repensando e revendo a obra de Vygotsky e, consequentemente, construindo novas implicações e conhecimento, o que leva a novas relações e consequências no processo e na busca de sistematizações de conceitos a partir de seus princípios teóricos. Devido à riqueza, à complexidade do autor, sua teoria nos possibilita apropriações e estudos que envolvem todo processo de aprendizagem. Com base nos conceitos expostos no quadro teórico de Vygotsky, refletir sobre a mediação e a linguagem nos leva também, como o autor que na construção de sua teoria utilizou diferentes interlocutores, dentre os quais, Spinoza, Hegel, Engels e Marx.

A obra de Vygotsky é muito vasta e densa em si mesma, além disso é de extrema fecundidade no sentido de permitir sua exploração e aprofundamento por inúmeros seguidores (Leontiev, Luria, Davidov e outros) e estudiosos como Ricardo Baquero (1996), Harry Daniels (2002, 2003), James V. Wertsch et al (1998), Wertsch & Tulviste (2002) e, entre os brasileiros, Oliveira (1995), Castorina (1995, 1998), Rego (1995), Góes (1991, 2001), Souza (1994), Freitas (1994), tornando-a atual e referência importante para práticas educativas. Destacar dessa obra alguns elementos podem nos ajudar a refletir sobre a temática apontada.

É importante ressaltar que, para Vygotsky, só existe o reconhecimento do "eu" no reconhecimento do "outro". O "outro" determina o "eu", ambos mediados socialmente. Frente a essas considerações, é importante pensar em duas questões: a) qual o papel da vontade num "sistema" em que o autor concebe a subjetividade como processo? b) o que são a vontade e a liberdade e quais os seus papéis na "filosofia" de Vygotsky?

A própria teoria de Vygotsky é uma realização da vontade. Podemos dizer que qualquer realização do espírito — intelectual, filosófica, científica e moral — é fruto de um esforço ou uma função da vontade. Entretanto, esse ponto de vista pode parecer banal, se nos depararmos com uma teoria, em que a realização do espírito não é fruto de "um" esforço. A teoria de Vygotsky ultrapassa esse ponto de vista. Para caracterizar a vontade, é necessário que tenhamos em mente as concepções que formam o "sistema do autor", pois poderemos constatar que a vontade está em constante tensão. Nada é seguro, nada é firme no solo dessa teoria. Para Vygotsky, a segurança só é encontrada no processo em pleno movimento.

A vontade é historicamente construída e inúmeras são as considerações a seu respeito; segundo Spinoza, a própria atividade interna do intelecto garante que a atividade do espírito siga o seu caminho, como se a vontade já estivesse constituída. Para Descartes é o contrário, pois afirma que é necessário um constante esforço da vontade, uma constante tensão.

A diferença de concepção de "tensão da vontade" entre Descartes e Vygotsky diz respeito aos aspectos interno e externo do sujeito: para Descartes, a vontade se desenvolve individualmente, e, segundo Vygotsky, ela se desenvolve na "relação" do sujeito com o outro. Há uma certa individualidade no desejo de cada um, mas o meu desejo só existe porque vivo em um mundo compartilhado com os desejos do outro.

Posto nesses termos, não é demasiado supor que, de acordo com a teoria de Vygotsky, o limite individual é a vontade do outro e está inscrito nesse mundo simbólico que só se torna realidade porque é também realidade para o outro. Logo, não hesitamos em afirmar que, no sistema de Vygotsky, só podemos falar em vontade, liberdade e autodomínio se esses conceitos tiverem concordância com a "relação com o outro" (2008, p. 31).

Vygotsky afirma que suas ideias de liberdade, vontade e autodomínio coincidem com as ideias que Spinoza desenvolveu em sua *Ética*. Spinoza estabelece que a vontade é um certo modo de pensar: "cada volição não pode existir nem ser determinada a agir, se não for determinada por outra causa, esta por uma outra, e assim sucessivamente, ao infinito" (*Ética* I, p. 109). Sendo assim, para ele, a vontade não é livre, mas depende de motivos externos. Dessa forma, o livre-arbítrio, a liberdade, são ilusões. Tudo, para Spinoza, é governado por uma necessidade lógica absoluta. A causa da existência singular do homem é a existência de outros homens singulares que o produzem. Portanto, a minha própria existência pressupõe a existência do outro. O domínio do homem sobre os próprios processos de seu comportamento constrói-se da mesma forma que se constrói o domínio do homem sobre os processos da natureza.

Linguagem

O homem, que vive em sociedade, está sempre sujeito às influências de outras pessoas e segundo Vygotsky, a linguagem é um dos mais poderosos meios de influência sobre a conduta do outro. O próprio homem, no processo de seu desenvolvimento, chega a dominar os mesmos meios que foram utilizados para orientar o seu comportamento. Controlar a vontade e ser livre, para Vygotsky, seria compreender os meios que orientam e conduzem o seu próprio comportamento, isto é, compreender a linguagem.

É verdade que os recursos físicos e a linguagem objetivam a subjetividade humana, tornando-a acessível às novas gerações. No entanto, para o processo de individuação da consciência, o mais importante sistema de signos é, sem dúvida, a linguagem. Por meio do trabalho e, simultaneamente, dos instrumentos simbólicos, os homens e cada um deles participam da vida cotidiana. A linguagem tem a qualidade de tornar presentes pessoas e/ou situações ausentes, transcendendo completamente o imediato.

A criança nasce inserida numa determinada organização social: nasce um igual. O recém-nascido traz consigo condições anatômicas, fisiológicas, legado da história de vida prática daqueles que o antecederam. Para ser um humano em particular, há que se apropriar da cultura dos homens, fazendo-a também sua. Nesse primeiro momento, linguagem e consciência são duas linhas de ação inteiramente independentes. De um lado, tem-

-se a linguagem pré-intelectual, movida por sensações, uma comunicação que se expressa, principalmente, pelo choro e através de movimentos, ainda desprovidos de sentido para quem os executa. De outro, observa-se uma consciência pré-linguística que não inclui, não simboliza, como a denomina Vygotsky (2008), "uma inteligência prática", logo, não há pensamento.

Mas com as trocas que se efetivam entre criança e objeto e, especialmente, entre crianças e pessoas, os signos e significados culturais vão sendo internalizados. Essa passagem do plano inter para o intrapsíquico só se faz mediante a regulação próxima e intensa daqueles com quem a criança convive.

Com isso a consciência vai deixando de ser guiada apenas por necessidades que, antes de serem individuais, são sociais, porque produzidas em conjunto, no movimento do trabalho, mediato e imediato. Quando isso acontece não há mais distinção entre linguagem e pensamento, estes passam a ser processos interdependentes, compondo uma única unidade.

Afinal o pensamento é um conjunto de imagens, signos e significados, gestados em sociedade, portanto no plano exógeno, e que, justamente pela partilha do indivíduo nesse plano, termina por se estabelecer no endógeno, como característica do sujeito.

A linguagem encerra em si o saber, os valores, as normas de conduta, as experiências organizadas pelos antepassados, por isso participa diretamente do processo de formação do psiquismo desde o nascimento. Destaca-se a intercomunicação como um fator fundamental, não apenas na apreensão do conteúdo, mas igualmente na constituição do afetivo, do emocional, da cognição.

A palavra, mais especificamente, o significado, contém determinadas possibilidades de conduta, em especial de operações mentais cristalizadas. Ele é, nesse sentido, generalização e síntese de representações que os homens fazem do real. Quando a criança, pela intervenção de pessoas, toma para si significados socialmente constituídos, junto com eles incorpora e desenvolve uma qualidade de percepção, de memória e de atenção, de raciocínio e de abstração, dentre tantas outras capacidades presentes no mundo moderno. Esta é a razão para se afirmar que a prática conjunta e, nela, a mediação dos signos e significados (re)criam a atividade psíquica — uma conquista do coletivo — em cada novo membro da espécie.

Assim, Vygotsky evidencia que a linguagem penetra e organiza, efetivamente, todos os campos do psiquismo, desempenhando um papel excepcionalmente importante na formação/transformação dos processos psicointelectivos. Tal destaque justifica-se, em princípio, por dois motivos: a) a linguagem expressa a subjetividade humana em seus diferentes aspectos, viabilizando a configuração do fenômeno em fato. Com esse efeito, permite tanto a regulação do subjetivo como a apropriação dessa riqueza pelas gerações que sucedem; b) a linguagem é matéria-prima e elemento constituinte que alicerça e dá sustentação a todas funções interiores do comportamento; embora os dois motivos estejam separados, isto apenas acontece para uma explicação, pois os dois acontecem simultaneamente. Da linguagem dependem a existência e a identidade das referidas funções.

A linguagem é uma via de mão dupla, ou seja, ela tanto forma como comunica os inúmeros sentimentos e as habilidades objetivadas. Com a internalização do discurso, o sujeito passa a arbitrar sobre sua atenção, permeada pelos recursos da linguagem. A percepção humanizada é fruto do conteúdo que lhe impõe critérios e, por vezes, novas leis. A imaginação é impossível sem a linguagem. Deduzimos então que a psique, em toda sua complexidade e mutalidade, origina-se do plano social, graças à atividade produtiva. Individualiza-se pelas interações — que têm na linguagem o veículo fundamental — e, novamente, pelos mesmos meios, socializa-se. É essa a dialética responsável pelo psiquismo humano.

A linguagem, conforme observamos, intervém na formação e no funcionamento de todos os processos psíquicos. Mas é em relação ao pensamento que suas implicações são fundamentais e decisivas. Ela está intimamente ligada ao pensamento. Não é nem anterior nem posterior a este, ambos se elaboram juntos no trabalho e por meio dele — motivo pelo qual linguagem só reflete o que é produzido no contexto das relações sociais. Linguagem e pensamento coexistem numa cumplicidade indissolúvel, na qual a primeira dá forma objetiva à existência do segundo. A qualidade das aquisições individuais (em termos de raciocínio, percepção, memória, atenção, dentre outras funções psíquicas) é, direta e fortemente, dimensionada pela qualidade do conteúdo a que se tem acesso e, por conseguinte, pelas articulações que ele permite. Tal constatação demonstra o papel que a linguagem desempenha na dialética entre o social e o individual.

É certo que a linguagem transpõe o real para o plano simbólico e vice-versa. Essa transposição não é linear, nem tampouco automática. A compreensão da realidade e, portanto, das necessidades sociais requer a mediação de um conteúdo, quer dizer, de uma linguagem que permita atingir a concretude dos fatos. Com a linguagem, o sujeito adquire um conjunto de riquezas produzido pelos próprios homens, dentre elas a consciência, que pode ser um fato alienado ou constituir-se em um poderoso instrumento na leitura de mundo e de si mesmo.

Mediação

A gênese do conceito de mediação desenvolvido por Vygotsky é pautada na formação das Funções Psicológicas Superiores, entendidas no campo da significação. Vygotsky, ao formular as bases de um novo pensamento que fosse "uma síntese das concepções antagônicas em bases teóricas completamente novas", como apresentam M. Cole e S. Scribner (Vygotsky, 2008, p. 8), buscava avançar na psicologia, a partir de uma abordagem que pudesse descrever e explicar as Funções Psicológicas Superiores (FPS), — "combinação entre o instrumento e o signo na atividade psicológica" — (Vygotsky, 2008, p. 73). Para o autor, tais funções (que envolvem especialmente consciência, intenção, planejamento, ações voluntárias e deliberadas e o pensamento) têm sua gênese nos contextos de aprendizagem compreendidos como processos mediados culturalmente. E, nessa perspectiva, podemos compreender que, dialeticamente, essas funções possibilitam "o domínio dos procedimentos e modos culturais da conduta" (Vygotsky, 2008, p. 42). Leontiev (1991), no Tomo I de "Obras Escolhidas de Vygotsky", ao tecer comentários sobre a relevância dos estudos de Vygotsky, nos concede uma síntese sobre a principal contribuição teórico-metodológica desse autor, segundo ele:

> Fiel a seus pressupostos teóricos, Vygotsky não se ocupou em estudar fenômenos psíquicos entre si, senão de analisar a atividade prática. Como é sabido, o clássico do marxismo destacaram desta atividade,

em primeiro lugar sua condição instrumental, o caráter mediado do processo laboral por meio de ferramentas. Vygotsky decidiu começar mediante uma analogia à análise dos processos psíquicos. Em sua mente surgiu uma hipótese: não seria possível existir um elemento de mediação nos processos psíquicos do homem em forma de instrumentos psíquicos? (Leontiev, 1991, p. 429)

A ênfase desses autores na função social dos instrumentos e signos, nos processos de aprendizagem, resulta, assim, de um aporte teórico marxista, expresso nas palavras de Vygotsky ao explicitar como a ferramenta e o signo orientam o comportamento humano: "A função do instrumento é servir como um condutor da influência humana sobre o objeto da atividade; ele é orientado externamente; deve necessariamente levar a mudanças nos objetos" (Vygotsky, 2008, p. 72). A atividade humana serve-se dos instrumentos para relacionar-se com a natureza.

Em termos gerais, em relação ao signo, Vygotsky (2008, p. 73) considera-o como "um meio da atividade interna dirigido para o controle do próprio indivíduo". A atividade humana serve-se dos signos para "dominar-se" individualmente. Ou seja, Vygotsky considera o desenvolvimento filo e ontogenético: "O controle da natureza e o controle do comportamento estão intimamente ligados, assim como a alteração provocada pelo homem sobre a natureza altera a própria natureza do homem" (Vygotsky, 2008, p. 74). A propriedade comum do instrumento e do signo é a sua natureza de atividade mediadora.

O instrumento encontra-se voltado para uma orientação externa e o signo para uma orientação interna. A movimentação entre eles dá-se pelo processo de internalização — "reconstrução interna de uma operação externa", que tem uma dinâmica essencialmente dialógica e, segundo Vygotsky, segue um percurso de transformações iniciado com a reconstrução interna de uma atividade externa. O processo interpessoal transforma-se em um processo intrapessoal, tendo como contexto as relações estabelecidas entre sujeitos historicamente constituídos, campo por excelência da mediação.

A partir dessa compreensão é possível a defesa do signo como meio para a formação das Funções Psicológicas Superiores, ou, dito de outro modo, o desenvolvimento psíquico dá-se a partir de atividades mediadas culturalmente. É nesse sentido que Vygotsky defende que, pela significação (cultural), é o homem quem forma, no processo de vida social, as conexões no cérebro e, assim, governa o seu próprio corpo (individual). Isto significa considerar que a educação — como forma social de organização capaz de levar o indivíduo à apropriação do conhecimento historicamente acumulado — somente atua como fonte de desenvolvimento do psiquismo quando o sujeito realiza atividades voltadas à apropriação das capacidades sociais também no plano reprodutivo. Tal compreensão é expressa por Vygotsky (1998, p. 54) ao defender que: "o uso de signos conduz os seres humanos a uma estrutura específica de comportamento que se destaca do desenvolvimento biológico e cria novas formas de processos psicológicos enraizados na cultura".

Desse modo, pode-se entender que a mediação dá-se no campo da significação. O conceito de significação surge nos estudos de Vygotsky (2008) a partir de sua compreensão de que os instrumentos psicológicos (ou estímulos meios) se constituem como signos. A significação compreende, assim, a criação e o emprego dos signos existentes na e pela atividade prática, configurando-se como uma generalização da realidade que se materializa pela linguagem (em todas as suas formas de manifestação). O fato de a significação guardar em si a experiência social da humanidade a conforma, em termos de produção histórica da consciência, como campo de possibilidade no qual a experiência social da humanidade se torna a experiência de um sujeito:

> Assim, psicologicamente, a significação é, estando na minha consciência (mais ou menos plenamente e sob todos os aspectos) o reflexo generalizado da realidade elaborada pela humanidade e fixado sob a forma de conceitos, de um saber ou mesmo de um saber-fazer ("modo de ação" generalizado, norma de comportamento etc.). (Leontiev, 1991, p. 102, destaques no original)

O conceito de mediação passa, necessariamente, pela compreensão do uso e função dos signos e instrumentos na formação das Funções Psicológicas

Superiores. É por essa razão que se afirma, em termos de desenvolvimento psíquico, que a significação torna possível ao sujeito, ao apropriar-se da experiência social da humanidade (objetivada na língua, nos sistemas de numeração, nas obras de arte e em toda sorte de produção cultural), desenvolver-se.

A proposta da teoria sócio-histórica, ao discutir a relação desenvolvimento-aprendizagem, aponta que a aprendizagem gera desenvolvimento, ou seja, o desenvolvimento é impulsionado pela aprendizagem. Nesse sentido, aprender implica estar com o outro, que é mediador da cultura (Wertsch, Del Rio, & Alvarez, 1998), e essa interação promove novas construções, ou seja, o desenvolvimento é um processo que ocorre interpsicologicamente, gerando construções intrapsicológicas. Dessa forma, diferencia-se das visões que pensam o desenvolvimento como um antecedente da aprendizagem ou como um processo já completado que a viabiliza.

Foi partindo dessas discussões que Vygotsky introduziu o conceito de Zona de Desenvolvimento Potencial ou Proximal (ZDP). Apesar das críticas e limitações que podem ser feitas às noções iniciais dessa compreensão nos seus primeiros escritos de 1928, especificamente no livro *Psicologia pedagógica* (Vygotsky, 1928/2004), apresenta-se como uma perspectiva inovadora, principalmente para o contexto da época, constituindo-se como agregadora de vários elementos da teoria histórico-cultural ao ancorar-se numa proposta de desenvolvimento mediado, prospectivo, baseado em mudanças não apenas quantitativas, mas qualitativas.

O conceito de ZDP, no livro acima mencionado, é apresentado como a diferença entre os níveis de desenvolvimento real e potencial, sendo este ainda o entendimento de muitos teóricos atuais. Ao longo dos últimos anos e a partir de leituras dos textos finais do autor, especialmente do texto *Pensamento e linguagem* (Vygotsky, 1934/1993), essa visão foi encontrando diferentes compreensões por parte de seguidores de sua teoria, tais como Wertsch (1988), Baquero (1998), Meira e Lerman (2001), Góes (2000), Góes e Smolka (1997), Colaço (2001) e outros. Esses autores passam, então, a tratar da ZDP como um espaço simbólico de construção que ocorre numa relação dialógica, envolvendo aprendizagens as mais diversas, até mesmo sobre padrões de conduta e processos comunicativos.

Partimos desses pressupostos, portanto, para analisar as estratégias de mediação empreendidas pelas crianças nas situações de interação no contexto de sala de aula, no qual algumas estruturas de papéis sociais são previsíveis, embora as relações que se estabelecem nesse ambiente estejam continuamente em movimento e sejam favorecidas pela realização compartilhada de atividades escolares que implicam a criação de novas formas de mediação semiótica entre todos os seus participantes.

Destacamos, outrossim, que, no processo de interação das crianças, ao realizarem as tarefas escolares, não apenas conteúdos específicos são compartilhados, mas também formas de comunicação e conduta, expressão de sentimentos que apontam para a construção de subjetividade na disputa, reprodução e negociação de papéis e valores sociais.

É nesse processo de interação social que se constitui a subjetividade, no qual o sujeito, através de mediações intersubjetivas, se apropria da cultura de forma qualitativamente diferenciada dos outros animais, transformando o mundo e a si, numa criativa, singular e compartilhada construção. Como comenta Bakhtin (Emerson, 2002, p. 39):

> O território de cada um de nós não é soberano; ser significa ser para o outro e, por meio do outro, para si próprio. É com o olhar do outro que comunico com meu interior. Tudo que diz respeito a mim chega à minha consciência por meio da palavra do outro, com sua entonação valorativa e emocional. Do mesmo modo que o corpo da criança forma-se no interior do corpo da mãe, a consciência do homem desperta a si própria envolvida pela consciência alheia.

Analisar essas questões remete-nos ao conceito de dialogia, em que Bakhtin (Emerson, 2002) acentua o caráter social e constitutivo da linguagem e a relação intersubjetiva que se estabelece no ato da fala, traduzida na multiplicidade de vozes da vida social e ideológica em diferentes cenários. Dialogia como processo de interação ativa e de mútua constituição entre os diferentes interlocutores, cujos discursos, no contexto do espaço escolar, evidenciam a presença das múltiplas vozes que os constituem.

Implicações na construção do conhecimento

Diante do processo de construção do conhecimento do sujeito e das relações entre linguagem e mediação, podemos levantar algumas implicações que podem contribuir para que possamos pensar em como o processo de aprendizagem do sujeito pode fazer com que o mesmo tenha liberdade, vontade e autonomia. Para Vygotsky o que determina o atuar conscientemente, deixando de ser mero efeito para ser causa consciente de si mesmo, é a ação e o envolvimento do sujeito, o meu "ser" humano é constituído pela convivência com o outro.

Essa constituição ou reconstituição é de natureza semiótica, tendo como função de mediação o signo, a linguagem. A relação do sujeito com a realidade se faz, sempre, mediada pelo outro, através da linguagem, que é constituidora do pensamento, da consciência, da vontade, enfim, das funções mentais superiores.

O conhecimento é construído, inicialmente, na relação entre as pessoas através da linguagem, como interação social, só depois se torna intrapessoal. Esse processo de internalização consiste na produção interna da atividade realizada externamente.

A consciência individual é um contato do homem consigo mesmo, a partir dos outros; tornamo-nos nós mesmos através das outras pessoas, o eu só existe a partir da relação com o outro. E essa relação com o outro ocorre através de signos, em que a linguagem é a mais importante, ela funciona como mediadora da relação do homem com a realidade e constitui-se no material da consciência.

A linguagem, porém, não se incorpora a uma consciência vazia que se mantém à espera; a própria consciência é uma construção da linguagem, não há consciência fora dela. As imagens sensoriais formadas na consciência só adquirem seu caráter significativo pela mediação da linguagem.

Para a construção da consciência, o organismo deve unir-se ao mundo exterior através do signo, a matéria do psiquismo é, portanto, semiótica, é um produto da atividade humana, um produto social nascido da necessidade de comunicação social. Essa é, também, a condição da verdade, que só pode ser constituída a partir da sociedade.

É no significado da palavra que encontramos as respostas às nossas questões sobre a relação entre o pensamento e a fala, pois, para Vygotsky, o significado da palavra é um ato do pensamento, mas, ao mesmo tempo, o significado é parte inalienável da palavra como tal, pertencendo tanto ao domínio da linguagem, como ao domínio do pensamento. Por isso, Vygotsky utiliza, como "unidade de análise", o significado da palavra, e o método usado para explorar a natureza do pensamento verbal é a análise semântica. Do ponto de vista semântico, para Vygotsky (2008, p. 40), "uma palavra sem significado é um som vazio, que não mais faz parte da fala humana". Do ponto de vista psicológico, é um fenômeno do pensamento que ganha corpo na fala.

As Funções Psicológicas Superiores (atenção, pensamento abstrato, memória, vontade etc.) não são fruto do processo de maturação biológica, mas sim fruto do desenvolvimento cultural, construído pela mediação através de instrumentos psicológicos, dos quais o mais importante é a linguagem.

Os signos, assim como os instrumentos físicos, constituem atividades de mediação, a diferença entre eles podendo ser caracterizada na forma como orientam o comportamento. O instrumento, cuja função é servir como um condutor da influência humana sobre o objeto, é orientado externamente, devendo originar mudanças nos objetos. Entretanto, o signo, a linguagem, que é um utensílio que faz a mediação da relação do homem com os demais e consigo mesmo, não modifica o objeto da operação psicológica, à medida que se constitui um meio da atividade interna dirigida do próprio indivíduo. Ao contrário do instrumento ou da ferramenta, o signo, a linguagem, está orientada internamente. Para Vygotsky (2008, p. 146), ele "é sempre um meio de influência sobre os demais e somente depois se transforme em meio de influência sobre si mesmo".

A linguagem permite a regulação e a transformação do meio externo e também a regulação da própria conduta e da conduta dos outros. Poder-se-ia dizer que a consciência humana e a vontade têm uma estrutura semiótica e, analisando a linguagem em sua tarefa de mediação, tanto interna como externa, poderemos investigá-las com mais objetividade, tornando esses processos mais científicos. Nesse ponto, é importante questionar até que ponto a vontade, a escolha, é minha ou é um conjunto de circunstâncias que escolhem por mim.

A vontade, para Vygotsky, é construída sobre interações, e os seus avanços são resultados de revoluções, pois, como explica em seu conceito de "zona de desenvolvimento proximal", o desenvolvimento consolidado abre sempre novas possibilidades, focalizando o emergente, o potencial. Sendo assim, através da linguagem, o homem controla primeiro o ambiente e, mais tarde, seu próprio comportamento.

Como tudo o que é natural deve ter uma origem, assim também o homem tem seu ato de origem – a história, que é, por si só, um ato de origem pelo qual o homem tem consciência. A história é a verdadeira história natural do homem, por isso Vygotsky afirma que "a vontade se desenvolve, é um produto do desenvolvimento cultural da criança" (Vygotsky, 2008, p. 300).

Examinando as questões de vontade e liberdade, parece-nos necessário aprofundar e sistematizar as ideias a respeito desse assunto, pois a vontade na atividade do espírito humano desempenha, segundo a teoria de Vygotsky, um papel muito importante. Segundo a teoria de Vygotsky, pode-se dizer que há uma certa preeminência da vontade em relação ao intelecto, pois é livre quem conhece, mas quem impulsiona o intelecto é a vontade. A vontade é que faz com que o homem consiga sair de seu estado de escravidão.

É bom lembrar que, para Vygotsky, o homem é escravo, à medida que aquilo que acontece é determinado por causas internas não sujeitas à sua vontade. É livre à medida que determina o próprio ato. Em Descartes, o mais alto que pode alcançar o espírito humano é a harmonia entre o intelecto e a vontade, o que caracterizaria, no homem, a imagem de Deus. Em Vygotsky, é difícil ocorrer essa harmonia, pois a vontade está sempre em constante mudança, constituindo um elemento ativo do espírito (1995, p. 300).

Nota-se que, em Spinoza, o homem é coagido pela própria natureza e, em Vygotsky, o homem é coagido na relação com o outro. Vygotsky, citando Bacon, diz que só se vence a natureza quando a ela se obedece, e Bacon equipara a dominação da natureza com a dominação do intelecto. Nota-se aí, portanto, uma ruptura entre a teoria e a prática, em que a atividade não só determina a essência do homem, mas também, sendo a substância da cultura, cria o homem."La mano desnuda y la razón, dejados a su aire, no valen gran cosa; las herramientas y los medios auxiliares son los fundamentos de la actividade humana" (Vygotsky, 1995, p. 300).

Para Vygotsky, o homem nunca estará sozinho, nem mesmo na solidão. Quando o homem avaliar, pelo entendimento, as circunstâncias existentes, segundo Vygotsky, estará avaliando a si mesmo, porque as circunstâncias existentes são produto da atividade humana. Avaliando os produtos da atividade humana, através da linguagem, é possível penetrar no mundo interior do homem. Frente a essas conclusões, é possível inferir que, para Vygotsky, a vontade é construída culturalmente, assim como a liberdade também o é. A linguagem não só faz a mediação dessa construção, mas também atua como função psicológica superior.

A natureza, nem objetivamente, nem subjetivamente, é presente ao ser humano de imediato. O homem é uma espécie cuja evolução ultrapassou a evolução biológica.

Referências

Azevedo, C. (2007). A mediação da linguagem na construção da subjetividade. In J.C. Souza Neto, & M. S. Andrade (Orgs.). *Análise institucional* (pp. 13-36). São Paulo: Expressão & Arte.

Baquero, R. (1998). *Vygotsky e a aprendizagem escolar*. Porto Alegre: Artes Médicas.

Castorina, J. A. (1998). Piaget e Vygotsky: novos argumentos para uma controvérsia. *Cadernos de Pesquisa*, 105, 160-183.

Daniels, H. (Org.). (2002). *Uma introdução a Vygotsky*. São Paulo: Loyola.

Emerson, C. (2002). O mundo exterior e o discurso interior: Bakhtin, Vygotisky e a internalização da língua. In H. Daniels (Org.). *Uma introdução a Vygotsky* (pp. 91-120). São Paulo: Loyola.

Engels, F. (1987). *A ideologia alemã*. São Paulo: Hucitec.

Leontiev, A. (1991). Artículo de introducción sobre o labor creadora de L. S. Vygotsky. In L.S.Vygotsky. *Obras escogidas*. Tomo I. (pp. 419-450). Madrid: Visor.

Marx, K. (2006). *O capital*. Crítica da economia política. Livro1. Rio de Janeiro: Civilização Brasileira.

Spinoza B. (1983). Da origem e da natureza das afecções. In *Os pensadores* (pp. 175-221). Porto Alegre: Artes Médicas.

Tulviste, P. L. S. (2002). Vygotsky e a psicologia evolutiva contemporânea. In H. Daniels (Org.). *Uma introdução a Vygotsky* (pp. 61-82). São Paulo: Loyola.

Vygotsky, L. S. (1995). *Obras escogidas* III. Madrid: Visor Distribuciones.

_____. (2006). *A formação social da mente* (8ª. ed.). São Paulo: Martins Fontes.

_____. (2008). *Pensamento e linguagem* (6ª. ed.). São Paulo: Martins Fontes.

_____. (2004). *Psicologia pedagógica* (5ª. ed.). São Paulo: Martins Fontes.

_____. (2001). *A construção do pensamento e da linguagem*. São Paulo: Martins Fontes.

Wertsch, J. V. (1998). *Estudos socioculturais da mente*. Porto Alegre: Artes Médicas.

O compromisso do educador social em espaços de aprendizagem não escolar

* * *

João Clemente de Souza Neto

Refletir sobre o compromisso do educador social que atua em espaços de aprendizagem não escolar requer uma visão maior da trama das relações que permeiam esses espaços, feitas de desencantamentos e frustrações. Resultado dessa condição humana é, geralmente, certa sensação de incompletude e, mesmo, de perda do sentido da existência.

O encontro entre educador e educando se reveste de maior ou menor complexidade, uma vez que articula esferas subjetivas e da objetividade. Nessa relação, dores, carências e sentimentos ganham vida, forma e expressão. Às vezes, subjetividade e objetividade se confundem. Em todo momento, há transferências e contratransferências, buscas de objetos de desejo imaginários e sonhados, nunca alcançados. Nesse sentido, qualquer análise sobre abrigos e ações do educador resiste a compreensões totalizantes ou englobantes.

Neste artigo, reunimos alguns apontamentos sobre a práxis do educador social que trabalha em abrigos para crianças e adolescentes. A temática levanta questões sobre o conhecimento pedagógico, a ação do educador e as relações cotidianas, no âmbito do sistema de proteção integral. À luz do Estatuto da Criança e do Adolescente – ECA, uma postura relacional da parte do educador pressupõe uma politicidade comprometida com o ressignificar das vidas e representações da criança e do adolescente em condições de vulnerabilidade. O educador transmite um conjunto de normas, valores e regras, mas também atua no sentido de preparar os abrigados para lidar com seus sofrimentos, conflitos e tensões.

Sofrimentos, conflitos e tensões acompanham a vida das crianças e adolescentes no abrigo, mas também a história de vida de cada educador. Os participantes dessa rede de relações devem ser sensibilizados para apropriar-se das oportunidades e ressignificá-las, trazendo diferentes sentidos ao sofrimento humano. Esse movimento traz um conteúdo pedagógico e psicológico, pela perspectiva da educação criativa, na linha gramsciana. Ao contrário das explicações reducionistas e mecanicistas que acabam por excluir a ação do sujeito e reduzi-lo a réu de seus fracassos, sujeito e história são interconstrutores e interdependentes.

O contexto e a referência cultural são importantes nessa construção, uma vez que a consciência de si e em si é tecida a partir das relações, da escuta, do diálogo, do ver e do sentir. O processo de participação é um instrumento pedagógico que ajuda o sujeito a se conhecer. A consciência adquirida nesse processo é obtida pelo enfrentamento de uma sucessão de paradoxos e contradições, que permite a elaboração de uma ética que ultrapassa o sentido técnico e metodológico. "A ética vale como forma de reflexão sobre nós mesmos, muito mais que como fonte de conclusões normativas. Ética é pensar." (Outeiral et al., 2001, p. 28)

Este trabalho é resultado de pesquisas de intervenção, voltadas à práxis do educador social e à formação da subjetividade, em quatro abrigos da Grande São Paulo. Essa forma de pesquisa possibilita um diagnóstico da realidade e, simultaneamente, sua transformação. Tem como fundo a coexistência entre o sujeito e o objeto. Nela, um se descobre no outro, sujeitos e objetos se constroem e os envolvidos se modificam, à medida que falam de sofrimentos, esperanças, desilusões, empolgamento, e buscam soluções. A pesquisa social ajuda a compreender a realidade social e humana, a recriar categorias analíticas e a aperfeiçoar a qualidade de vida, uma vez que compromete com os "[...] processos de alteração e de mutação social nos quais vivem ou sofrem as pessoas [...]" (Lévy, 2001, p. 97). Como uma virtude moral, a ética pode ser adquirida. No depoimento a seguir, Izilda mostra que o processo de participação ajuda a adquirir formas de lidar com as dificuldades e sofrimentos, de lutar para melhorar a qualidade de vida.

> No abrigo, eu aprendi a conviver com as dificuldades. Antes, eu era muito triste. Agora, fico triste ainda. Mas vou à luta. Conversar sobre dificuldades e sofrimentos meus e dos outros ajuda a encontrar o caminho. A minha dificuldade é a dificuldade do outro. Se ficar sozinha, não compreendo bem o que está acontecendo. (Depoimento, Izilda, usuária da escola pública)

A pesquisa de intervenção atua no campo dos desejos, sonhos, necessidades, conflitos e contradições. Seu sujeito e objeto interagem o tempo todo. Isto faz dela um campo transferencial, em que as Ciências Sociais, especialmente a Sociologia Clínica e a Psicossociologia, atuam com a realidade psíquica e social dos indivíduos. O fato de ocorrer na relação entre sujeito e objeto não nega ao conhecimento resultante o caráter científico. A filosofia da práxis considera que o homem faz o conhecimento e vice-versa, que a realidade comanda o indivíduo e é por ele comandada. Longe de um tautologismo, a pesquisa de intervenção não se restringe a explicações racionais dos fenômenos ou das ações humanas. Os fenômenos têm também uma origem subjetiva.

A subjetividade é capaz de produzir, modificar e influenciar qualitativamente o cotidiano e o contexto social. A pesquisa de intervenção deixa emergir as contradições e paradoxos do cotidiano, da realidade social e da própria realidade existencial do indivíduo. Na relação entre o eu e o tu, a subjetividade e a objetividade, o indivíduo pode se apropriar das experiências e transformá-las em outra história. "Mas sei que o indivíduo socialmente definido tem, ao menos virtualmente, a possibilidade de ser algo que não sua definição social, sem nunca poder fugir inteiramente dela; portanto, ele é, virtualmente, uma subjetividade." (Castoriadis, 1999, p. 37).

A percepção de que a subjetividade não é acessível ao pesquisador e, às vezes, nem ao sujeito leva a pensar que ela não pode ser compreendida ou analisada tão somente a partir de concepções padronizadas preestabelecidas e nem de generalizações, uma vez que as ações humanas são dotadas de sentidos que podem ser entendidos mais precisamente quando circunscritos nos acontecimentos da vida e da história. Sendo assim, não podemos analisar a ação pedagógica fora de um contexto social definido, carregado de um conjunto de variáveis articuladas ou não. O sujeito não está à deriva e nem livre das forças gravitacionais, como numa nave espacial. Está submetido a pressões de todas as ordens. Entretanto, vive em busca de saídas e sempre, de alguma forma, depara-se com uma ou outra brecha, ou, ainda, constrói atalhos para satisfazer suas necessidades materiais e espirituais.

Educadores, dirigentes, técnicos da Prefeitura ou da Vara da Infância e da Juventude — nenhum deles possui um texto único, uma tábua da lei, que responda à realidade dos abrigos. As histórias correm quase paralelas, desacorrentadas. A aprendizagem nesses espaços é rica e dinâmica, quando sedimentada no amor e na amizade, que são condições essenciais a um bom educador. No abrigo, histórias e experiências estão sempre transitando. Nele, a criança e o adolescente acumulam "[...] na memória, mil fragmentos de saber e de discurso que, mais tarde, determinarão sua maneira de agir, de sofrer e de desejar" (Certeau, 1997, p. 206).

Esta frase sobre a família ajuda a compreender a importância de assimilar e de transformar a práxis do educador e a realidade do abrigo num cotidiano criativo e emancipador. Experiências cotidianas da infância e da adolescência nos acompanham pela vida toda. Em cada encontro, elas reaparecem, tingidas pela culpa, pela mágoa, pela saudade, alegria ou outras emoções. Podem, mesmo, ganhar novos matizes em novas experiências.

Educar e cuidar de crianças e adolescentes no abrigo, segundo a doutrina de proteção integral estabelecida no ECA e fundada nas concepções de uma pedagogia emancipadora, é uma tarefa complexa, multifacetária e aberta. O processo de formação do educador social no abrigo pressupõe a interação de aspectos biológicos, culturais e emocionais, com suas variáveis sociais, espirituais, econômicas e afetivas. Por isso, tomamos como base algumas reflexões sobre o conhecimento científico e o sentido da práxis do educador, para trazer à tona alguns retratos dessa realidade.

Aprender é contatar, apreender, interpretar, interagir, apropriar-se e transformar o cotidiano e a história, não só como quem recebe, mas como ser que atribui sentidos. Na aprendizagem, o indivíduo se forma para a sociedade e a sociedade se forma para ele. É no centro dos conflitos humanos, políticos e sociais que ocorre a práxis do educador social, uma vez que seu projeto político-pedagógico é incluir as vítimas da desigualdade social. A questão social, no mundo globalizado, recoloca a problemática da aprendizagem. Nesse contexto, o educador constrói um conhecimento que tende a ajudar a humanidade a encontrar formas de superar ou de reduzir o mal-estar individual e social.

As práticas pedagógicas e a vida cotidiana

Por mais que se o conteste, não há quem possa sobreviver sem o cotidiano. Marcado pela heterogeneidade e complexidade de fenômenos como linguagem, divisão social do trabalho, jogos, vida privada, lazer, emoção, imediaticidade, espontaneísmo, reprodução do indivíduo, superficialidade etc, o cotidiano estabelece as relações do indivíduo. Nesse sentido, ele é o alfa e o ômega da vida, e seus desdobramentos fazem com que cada um se perceba como singular.

> Eu vivi em vários cantos desse mundo. Fiquei na Febem [...], fui morar com minha irmã que morreu [...] Depois vivi na rua [...] Agora, moro no Lar. Sempre dei duro. [...] até para roubar a gente tem que ter vontade. [...] Tem dia que não tenho vontade pra nada. [...] Mas tem dia que a gente tem que aproveitar, a gente topa tudo, a gente levanta disposto a tudo. [...] Só que a gente tem que lembrar que tem que esquecer das coisas ruins, pra lutar e se lembrar das ruins pra gente não fazer mais. [...] Quando me falta alguma coisa, tenho vontade de pegar do outro [...] mas Deus não quer que eu pegue. Os educadores [...] e o padre falam para não pegar. Eu lembro da minha mãe e da minha irmã que morreram, que também diziam pra não pegar. Mas, quando a gente tem fome e quer ficar bonita, não tem jeito. Aí, bate uma tristeza, porque uma coisa quer que a gente faça e outra quer que a gente não faça. É aí que a gente fica

triste. E, então, eu não tenho vontade de fazer nada. Mas, de repente [...] acontece alguma coisa, como uma pessoa dar risada pra gente. Aí, a gente fica alegre. Tudo fica diferente. A tristeza vai embora. [...] Hoje, estou com quinze anos, estou na quinta série. Estou procurando emprego. Ajudo aqui no abrigo. (Depoimento, Cris, 1994)

Acreditar que apenas os intelectuais, os partidos políticos ou a luta de classes transformam a realidade seria uma forma de alienação, pois as revoluções só podem ter êxito se atingirem o cotidiano ou se dele partirem. Não se pode minimizar o cotidiano a um espaço de domesticação dos indivíduos. Ele é o espaço do fazer e do refazer histórico. Essa concepção está presente no depoimento de Cris, que apresenta um movimento do cotidiano dos indivíduos, que não podem viver isolados, mas integrados nas esferas do dia a dia. O abrigo vive da "[...] confiança posta na inteligência e na inventividade do mais fraco, na atenção extrema à sua mobilidade tática, no respeito dado ao fraco, sem eira nem beira, móvel por ser assim desarmado em face das estratégias do forte [...]" (Giard apud Certeau, 1996, p. 19).

Desse ponto de vista, os sujeitos envolvidos em programas sociais direcionam sua criatividade para a construção de uma rede de solidariedade que responda às exigências do dia a dia dos empobrecidos. O agir cotidiano pode criar um tecido social favorável às mudanças históricas. Nesse sentido, clarifica as práticas sociais e subsidia a história. O equívoco das grandes teorias é buscar compreender as macro e microestruturas, com o que acabam negando o cotidiano, que é a arte de fazer. Descortinar o cotidiano e compreender sua face pragmática e dinâmica significa também entender que as pessoas não são "idiotas" (Certeau, 1996, p. 20).

Escutar o "desprezível" ajuda a visualizar a criatividade e a inventividade da população empobrecida que, por meio dos atalhos que ela mesma constrói, consegue resistir e amortecer as chagas do mal-estar. O cotidiano é simultaneamente abstrato e concreto, e se constitui a partir do vivido. É o *locus* das necessidades e carecimentos, dos desejos, da esperança e desesperança, do ódio, violência, alegria e tristeza, das crianças e adolescentes, dos negros, mulheres e idosos, em síntese, o espaço privilegiado de se viver a diferença. Nele é que se abrem ao indivíduo as condições para ganhar ou perder sua vida. É nele que se nasce, cresce, vive, sofre e morre.

No depoimento de Cris, apreende-se a luta entre a dor, o prazer, a alegria e a tristeza, numa tensão reveladora da cosmovisão e dos valores e afetos envolvidos na vida diária. Os educadores, o padre, a irmã e a mãe disseram que Deus não quer que ela roube ou faça maldades, e ela luta para cumprir esse princípio. Em sua história, observa-se que a religião e a afetividade são propiciadores de limites: "Quando me falta alguma coisa, tenho vontade de pegar do outro [...] mas Deus não quer que eu pegue".

Dar sentido otimista aos fatos é importante quando esse entusiasmo não se transforma em impulsos fetichizados, mas promove uma mudança individual e do meio ambiente, corroborando a importância das alterações, mesmo que miúdas, no cotidiano e na vida. Gramsci defende o entusiasmo quando produz uma transformação, quando se acompanha de uma vontade inteligente, utiliza a inventividade e toma iniciativas para mudar a realidade. Nem sempre as representações conseguem integrar-se com o dia a dia, nas relações que se estabelecem entre o concebido e o vivido.

A entidade reproduz a vida, como *locus* da necessidade e do desejo, do qual cada indivíduo se apropria de maneira diferenciada, na sua maneira de viver, uma vez que os conteúdos, regras e normas estabelecidos pela sociedade são assimilados diferentemente pelos indivíduos. Refletir sobre o cotidiano significa perceber nele as formas das lutas de classes, das quais o abrigo é espelho. Entendemos a história constituída dos encontros movidos pela subjetividade e/ou pela objetividade, que, entranhadas uma na outra, impulsionam as mudanças, constroem o cotidiano e dão sentido e movimento à vida. Para se deslindar o fazer cotidiano, palco da vida e da morte, penetra-se num universo onde o amor e o ódio se materializam, o corpo e o espírito ganham concretude e experimentam prazer e dor, onde aquilo que parece desprezível toma vida e o pujante sinaliza a morte. Nesse cotidiano, o corpo e a alma se relacionam, impulsionados por desejos e necessidades materiais e espirituais, constituindo a subjetivação e a objetivação. Nele, pode-se observar a virtude humana que se caracteriza pelo lutar, viver, preservar. O que buscam os homens no cotidiano, senão preservar a própria vida, tornarem-se sujeitos? Em síntese, a virtude é o desenvolvimento das potencialidades peculiares a cada ser.

Locus da intimidade, das coisas caseiras, da familiaridade, da construção da vida, no cotidiano, o humano encontra sua mais alta expressão na capacidade de amar e de ser solidário, de responder às exigências e necessidades pessoais e do outro. Nele, o homem se revela como ser carente e desejante, anseia por amor e poder, destrói e constrói, alimenta ideais filosóficos e religiosos, arrisca a vida por desejos e sonhos, busca satisfazer necessidades materiais, como a fome e a sede, mas também desejos e paixões. A solidariedade é um sinal da realização humana, que pode ser apanhada no fazer cotidiano, no qual descobrimos que a felicidade não é dada, mas construída, não é uma dádiva, mas uma luta, uma ética cujo modelo seja aproximar o homem da natureza humana. O bem é o desenvolvimento do homem, aquilo que o ajuda a realizar-se como pessoa humana. O mal é o inverso, o que repulsa a realização humana, é a lógica da destruição humana, a antiética. Na ética da vida, constituída pelo encontro e pulsão mútua de dois corpos, subjetividade e objetividade devem buscar e encontrar o caminho da alegria, para que os homens sejam felizes cada dia. Percebe-se nas práticas pedagógicas e assistenciais a coexistência de duas lógicas: uma autoritária, que decide sobre o que é bom e ruim na vida dos homens, força a subordinação das pessoas e é, portanto, antidemocrática; outra, em contrapartida, na qual o próprio homem é quem negocia suas normas, a democracia. Essas duas lógicas estão em permanente tensão no cotidiano, no qual os homens ora se submetem ao autoritarismo, como uma tática de sobrevivência, negando assim a ética humana, ora buscam reconquistar sua cidadania.

Essa visão retrata o processo de humanização do indivíduo e da sociedade. Como espaço de revelação e escamoteamento dos fatos, o cotidiano não está separado da história como por um fosso, mas com ela imbricado. Essa concepção ajuda a superar a dicotomia entre cotidiano e história, a analisá-lo como chave de acesso para entendimento da realidade. A filosofia da práxis aparece nesse contexto como aquela que tanto cria quanto coloca o homem diante da realidade, na qual ele é ontocriativo. Finalmente, concebe o cotidiano como movimento que permite apreender a dinâmica da história, entende que ele é o homem por inteiro e apanha a vida dos usuários no abrigo, na qual se manifestam as necessidades do sujeito. Nessa perspectiva, a alienação se faz quando se constrói um fosso entre o humano genérico e o singular. Esse abismo "[...] jamais foi inteiramente insuperável para o indivíduo isolado: em todas as épocas, sempre houve um número maior ou menor de pessoas que, com a ajuda de seu talento, de sua situação, das grandes constelações históricas, conseguiu superá-lo" (Heller, 1989, p. 39).

Os abrigos têm a finalidade de ajudar o educando a encontrar subsídios de um projeto pessoal fundado na ética da vida, para enfrentar uma sociedade cuja racionalidade tende a transformar o sujeito, rico de subjetividade, em objeto de burocracias. Os conteúdos pedagógicos são construídos a partir da realidade das crianças e adolescentes:

> No fim do dia, depois de ter ido à escola, brincado, [...] a gente sentava na cozinha, todos juntos, ou no refeitório, quando havia muita gente, para escolher arroz, feijão, descascar batatas ou frutas, assistir televisão. [...] Um começava a falar de sua vida, e todos escutavam. Às vezes, dois, três ou quatro começavam a chorar. [...] Um falava que a mãe tinha ido embora, que o pai estava preso e que antes de vir até o Lar, tinha dormido na rua. Aí, eu lembrava da minha história, que meu pai morreu e que meu irmão vendia minha mãe para os bandidos e até minhas três irmãs, para ganhar maconha. Até que minha mãe morreu de tanto trabalhar, quando ficou presa na geladeira do hospital, onde estava fazendo limpeza. E nós ficamos morando na casa dos outros, um pouco com minha irmã mais velha, outro na rua, pegando coisas do lixo, até que viemos pra cá. A tia Lilica [...] trouxe nós pra cá. Agora, tenho minha família e minha casa, sou feliz. (Depoimento, Pedro, 1994)

Para usuários rejeitados e excluídos, a premissa pedagógica da instituição é propiciar condições de fluência do sujeito, com a finalidade de seduzir a objetividade em benefício próprio e dos companheiros. Essa prática não exclui as relações sociais, uma vez que fornece material aos usuários para que possam manipular o contexto dessas relações. O conteúdo pedagógico presente no relato de Pedro inclui o conhecimento anterior que essa população possui, por ser protagonista de uma história inteiramente diversa, mas caracterizada pela criatividade dentro de sua realidade. Não é sem razão que Patto (1991, p. 224) constata que não se conhece suficientemente a criança empobrecida, que se menospreza sua experiência, habilidade e capacidade de se relacionar com o cotidiano, as quais "[...] mantêm viva num contexto social que é extremamente adverso. Exigimos, além disso, que ela deixe [...] suas vivências, sob pena de ser considerada inapta".

Uma de suas metas é a criação de espaço para a ocorrência de catarses, como meio de provocar a integração da criança ou do adolescente consigo mesmo e com o outro: "Um começava a falar de sua vida, e todos escutavam. Às vezes, dois, três ou quatro começavam a chorar". A catarse é uma das estratégias que podem ajudar o educando a se reapropriar de sua história e a recriá-la no dia a dia, a desenvolver sua dimensão criativa, a construir uma visão menos pessimista ou fantasiosa do mundo e a aprender a extrair de si e do cotidiano formas de satisfazer seus carecimentos. A ação pedagógica das entidades assistenciais devem enfocar o transfazer do sujeito nas atividades do dia a dia, no brincar, nas tarefas escolares e outras, permitindo aos educadores subsidiar os educandos no direcionamento de suas pulsões. À medida que projeta suas aspirações, tristezas, alegrias e amarguras, o abrigado pode avaliar e até destruir o objeto odiado ou amado, incorporá-lo ou excluí-lo de sua vida, ou ser destruído pelo objeto.

> O sujeito diz ao objeto: "Eu te destruí", e o objeto ali está, recebendo a comunicação. Daí por diante, o sujeito diz: "Eu te destruí. Eu te amo. Tua sobrevivência à destruição que te fiz sofrer, confere o valor a tua existência para mim. Enquanto estou te amando, estou permanentemente te destruindo na fantasia" (inconsciente). Aqui começa a fantasia para o indivíduo. O sujeito pode agora usar o objeto que sobreviveu. É importante notar que não se trata apenas da destruição do objeto pelo sujeito, pelo fato de estar o objeto fora da área do controle onipotente do sujeito. (Winnicott, 1995, p. 126).

O objeto externo — experiências pessoais — precisa ser reorganizado para servir de matéria-prima à busca e construção do sentido da vida. As motivações alocadas na subjetividade encontram respostas à medida que o educando recebe apoio da exterioridade — material escolar, roupas, calçados, atenção da professora e do educador, a valorização dos pequenos avanços de cada dia. A relação entre o educando e o educador não é mecanicista, em que um deposita o conhecimento e o outro é depositário. Há um processo de interação. O educador intui que a pedagogia do amor e da solidariedade humana possibilita ajudar o usuário a adquirir noções de limite e a vivência das frustrações.

O vigor energético do amor impulsiona à transformação pessoal e do outro, provoca conflitos, tensões, constrói e destrói. Quem se move por amor coloca à disposição de si e do outro os sentimentos, o olhar, o ouvido, e foge à ociosidade. Amar significa viver intensamente as esferas da vida, para consolidar a felicidade e a liberdade.

> Vivi dez anos no abrigo. Agora, trabalho como eletricista. O que aprendi [...] foi saber o que era meu e o que não era. Foi o espírito de lutar para conquistar as minhas coisas. Batalho todos os dias. Levanto cedo e volto à tarde pra minha casa. Sempre me lembro de algumas coisas que me falaram aqui. Preciso ter coragem. (Depoimento, Marcos, 1995)

Marcos patenteia a ideia de que é possível preencher lacunas dos estádios anteriores da vida, se não de maneira plena, pelo menos de forma satisfatória às exigências da socialização. As forças de autodescoberta, satisfação, incerteza e disponibilidade fazem parte de uma ação emancipatória que move usuários, educadores e dirigentes a uma revisão contínua de seus sonhos, para integrá-los nos desdobramentos da vida. A coexistência entre subjetividade e objetividade não concebe o sujeito dividido entre razão e desejo, interioridade e exterioridade, mas integrado, numa unidade. A cisão desses elementos, como uma esquizofrenia, constitui o canteiro da barbárie, ao passo que a unidade cria condições para o bem-estar. Fromm (1971, p. 170) destaca que o amor é a única resposta satisfatória para as questões humanas.

A proposta pedagógica dos abrigos, na fala de Marcos, não visa encerrar as crianças e adolescentes numa redoma protetora, mas integrá-los na sociedade e reforçar neles o espírito de luta para enfrentar os desafios da vida e viver intensamente. Frequentam a escola, com os demais garotos do bairro, e os equipamentos sociais. Participam dos problemas sociais, econômicos, políticos e religiosos da comunidade. Nesse contexto, o amor não se reduz a um produto da subjetividade ou a um espírito que conduz o homem; define-se no cotidiano, espaço das relações fraternas, acolhedoras, de tolerância, partilha, compreensão e orientação, dos valores éticos. Na tradição cristã, o amor que tem por condição a prática da justiça social.

A importância do amor como constitutivo da realização humana não significa excluir a necessidade da satisfação de outros carecimentos radicais, pois sua materialização ocorre com a garantia dos direitos econômicos e sociais. Nenhum ser humano sobreviveria sem alimentação, como não viveria sem amor. Esse espírito impulsiona a comunidade a criar uma grande família, em que crianças e adolescentes sejam acolhidos e vivam com dignidade. Um abrigo deve ser

> [...] um lugar de encontro feliz, fraterno, terno, saudável, humano, criativo, educativo. A nossa grande família deve ser o lar, onde todos se respeitam, se ajudam a crescer e a se formar para viver nesse mundo de competição e desumano, sem se deixar vencer por suas máximas e diretrizes, mas sim viver a experiência do amor. Por isso, nossa proposta é [...] a criação do "homem novo", sujeito da própria história, consciente de seus direitos de cidadania, inserido no contexto social. Para atingir esse objetivo educacional, é utilizada uma pedagogia humanizadora adequada ao perfil dos usuários. Habituados a um contexto social de desamor, violência e desvalorização humana, num cotidiano de empobrecimento econômico e cultural, estes usuários têm necessidade de uma pedagogia que restabeleça neles a autoestima, a consciência da própria dignidade e seu valor como pessoas, a capacidade de vencer a experiência de desamor, desconfiança e medo, e a experiência de amar a si mesmos e aos demais. Uma das estratégias dessa pedagogia é envolvê-los num clima de diálogo, partilha, solidariedade e afetividade, no ambiente do Lar, junto à conscientização dos seus direitos, deveres e necessidade do empenho na autopromoção, como também a libertação de questionáveis "generosidades", manipulações e dirigismos, tudo isso na medida das possibilidades individuais. (Relatório Anual do LMSJ, 1989, p. 7)

Daí a importância de dirigir ao educando um olhar humano, para ajudá-lo a apropriar-se dos fatos e acontecimentos e transformá-los, a partir de uma visão antitrágica, não se deixando conduzir por eles, mas, ao contrário, conduzindo-os. Esse princípio visa à criação do sujeito consciente de seus direitos de cidadania, inserido no contexto social. O sujeito sabe dialogar com o mundo em sua complexidade. Um dos objetivos das estratégias vivenciadas no dia a dia é a aprendizagem do uso do acaso, do sofrimento, da desilusão e da decepção, como também da energia e da inteligência dos inimigos, em benefício pessoal e do grupo. Acredita-se que o sujeito sempre pode mudar a si mesmo e ao outro. Não existe uma explicação única e um único fator determinante da mudança, mas vários fatos e interpretações para ela. Por essa ótica, os abrigos devem transformar em ato pedagógico e político o amor pelas crianças e adolescentes. Os abrigos deveriam ser espaços saudáveis para acolher a criança e o adolescente abandonados e impulsioná-los a dar sentido à vida, a elaborar projetos de vida, a praticar experiências de solidariedade e viver a cidadania, sem se transformarem em instrumentos que impeçam os usuários de serem solidários, protagonistas e cidadãos.

Relações entre as concepções e a atuação do educador social

A problemática do abrigo convida a retomar a discussão da terceira tese de Feuerbach, quando Marx pergunta sobre quem educará os educadores, dentro da concepção de que o homem faz a história e a história o faz, de que as circunstâncias modificam as pessoas e são por elas modificadas. No século XXI, autores como Morin redimensionam a reforma do pensamento e a missão do educador. A educação ultrapassa a competência técnica, pois contribui para a fruição da ética. Ela deve preparar o profissional e o indivíduo, em sua relação consigo, com o outro, a sociedade e o Planeta. Esse movimento permite responder a algumas indagações sobre o processo de aprendizagem humana.

A práxis do educador social permite ressignificar conhecimentos adquiridos e apreender novos conhecimentos. Na construção do conhecimento,

"[...] compreender é modificar-se, é ir além de si mesmo" (Sartre, 1967, p. 20). Percebe o educador social que a história, a biografia e a realidade das crianças e dos adolescentes, no abrigo e fora dele, escapa ao saber e aos conceitos cristalizados. Sua formação é contínua, uma vez que cada encontro com o outro ou com as questões cotidianas produz alterações nas formas de pensar, de agir e de ser. O conhecimento cristalizado massacra a incerteza e o novo e, muitas vezes, conduz à indiferença. O educador deve ter uma postura de engajamento e de abertura para o novo, agir entre a certeza e a incerteza.

Em síntese, a formação e o processo de aprendizagem do educador social não se dão apenas por meio de um curso, mas formam um conjunto articulado, que vai desde a formação acadêmica, até a vivência cotidiana, e vice-versa. Ao problematizar a questão pedagógica, Benjamin permite considerar como a maioria dos especialistas em educação erra ao desconsiderar a realidade social das crianças de famílias em situação de vulnerabilidade. Algumas pedagogias de fachada progressista reduzem a situação de mal-estar das crianças à família. Acredito que precisamos ultrapassar essa perspectiva. O mal-estar da infância e da adolescência não é somente familiar. É uma questão de classe e de etnia. Quando o foco se fecha na família, escamoteia essas questões.

Os usuários dos abrigos são vítimas de um processo de degradação econômica, cultural, social e familiar. Por outro lado, à medida que têm um espaço social reconhecido, como os abrigos e a escola, sua vida denuncia as injustiças presentes no cotidianos, as quais não se referem a aspectos doutrinários, mas a variáveis de classe e de etnia. Poderíamos até inferir que são revolucionários, quando questionam as autoridades, os educadores e a sociedade como um todo. Talvez possamos aqui ressignificar a ideia de Dom Luciano Mendes de Almeida, quando, nos anos oitenta, dizia que "o menor é um profeta dos novos tempos". Por isso, o educador que tem um compromisso ético com seu trabalho pedagógico é um agente de transformação.

Nesse contexto histórico, desenvolvem-se as noções de assistência, cuidador e educador social. A Declaração Universal dos Direitos Humanos, em meados do século XX, alterou a concepção de políticas sociais de atendimento à criança e ao adolescente. De lá para cá, o ordenamento jurídico vem se aperfeiçoando.

> Por longo período, o estado brasileiro deixou a assistência a carentes e abandonados por conta das instituições de caridade e filantrópicas. A entrada tardia do Estado na atenção à infância e à adolescência em situação de risco teve reflexo no quadro de recursos humanos que tradicionalmente se ocuparam dessas entidades de abrigos. Essa atenção foi, durante muito tempo, desenvolvida predominantemente por agentes voluntários [...], contando com pouquíssimos trabalhadores remunerados. (Silva, 2004, p. 101)

O ECA, aprovado em 1990, concebe crianças e adolescentes pobres como sujeitos de direitos e não como objetos de práticas piedosas ou de aparatos repressivos. Os profissionais que atuam nos abrigos passaram a ter o papel de educadores. Essa não foi apenas uma mudança de nomenclatura, mas de postura e concepção. O educador, desenhado nesse ordenamento jurídico, tende a possuir boa formação técnica e uma consciência comprometida, pela perspectiva do que Sartre denominou de engajamento, Gramsci de compromisso ético e Morin de ciência com consciência.

Na tradição da assistência, mais ligada ao campo religioso, predomina o carisma do atendimento, do cuidado, mas sem o aspecto técnico. Por outro lado, percebemos no Estado muitos técnicos sem carisma. O desafio colocado no ECA, ao nosso ver, é de articular técnica e carisma. Numa linguagem mais precisa, formar educadores que saibam articular o contexto, a racionalidade e a afetividade. A práxis pedagógica requer uma construção do conhecimento fundada no sujeito e no contexto em que está inserido, o que ajuda a construir diferentes projetos de vida, em vista de um processo civilizatório emancipador.

Mais do que instrumento de alienação, a solidariedade contribui para a emancipação e a reconstituição da justiça social. Não uma solidariedade mecanicista, na linha de Durkheim, mas em movimento, voltada para o encontro da felicidade. Crianças e adolescentes com direitos violados ou em situação de vulnerabilidade pessoal e social, dependentes de abrigos ou de outros serviços sociais, requerem um orientador, educador ou liderança comunitária, com boa formação humana. Ele pode ajudar

> [...] a criança a colocar seus sentimentos em palavras e a elaborá-los, de forma que possa aceitar realmente a situação. Entregue a si mesma, a

criança provavelmente permanecerá nesse conflito emocional confuso, o que pode resultar em incidentes [...] Não raro as crianças suporão, por exemplo, que seu lar se desfez devido ao seu mau comportamento ou que foram mandadas embora como castigo. (Bowlby, 2002, p. 140)

Essa pode ser uma base para elaboração de uma pedagogia social para sistematizar os conhecimentos acumulados na história e colocá-los a favor dessa população. Se a comunidade científica e a sociedade problematizaram sobre quem são e como reagem aqueles que são tachados de desviantes, pivetes, abandonados etc., é porque já possuem condições para desencadear um processo de socialização e humanização. A pedagogia social deve considerar que a noção de sujeito humano como aquele que faz o cotidiano e é por ele feito permanece controvertida e ainda distante de um consenso. Nessa relação dialética, podemos compreender a prática da autonomia do sujeito e superar explicações de fundo mecanicista, que o excluem dos processos de transformação social e histórica, como objeto de manipulação e ser amorfo, incapaz de reagir.

A atividade do educador no abrigo é mais do que uma função, não se resume a práticas, mas são práxis e requerem uma ação político-pedagógica do educador. Nesse sentido, o educador desenvolve habilidades próximas ao que Gramsci caracterizou de intelectual orgânico. Ele deve ajudar a criança, sua família e todos os componentes do abrigo a encontrarem o sentido da existência humana e a transformarem essa experiência em conhecimento e valores para comunicar à sociedade. A partir de sua experiência no abrigo, ele tende a ajudar o Conselho Tutelar, o Juiz e as autoridades públicas a constituírem ou a aperfeiçoarem uma rede de proteção. Nessa relação de idas e vindas, o educador também se descobre e ressignifica o sentido de sua existência. Ele não é um ser absoluto, detentor de uma verdade, mas alguém em busca, que deseja acertar e também comete equívocos. Buscamos compreender os fenômenos na ponta de uma síntese de múltiplas determinações, para evitar reducionismos, como, por exemplo, ver o educador como um ser deformado por uma perspectiva angelical. O educador social é um ser humano, com seus limites e sofrimentos, talvez os mesmos das crianças e suas famílias, ainda que deva permanecer como mediador de conflitos, emoções, sentimentos e expectativas. Isso se observa no depoimento de uma educadora social de um abrigo da Região Oeste da cidade de São Paulo:

> O educador social tem que ter um olhar amoroso, completado com as técnicas. É preciso estabelecer e, ao mesmo tempo, superar a tensão entre a técnica e o compromisso amoroso. A junção desses dois elementos desorganiza e reorganiza o cotidiano, permite aos envolvidos transformar o dia a dia de perdas, de tristezas, desânimos, desencantamentos e angústias em projetos que levem todos ao protagonismo. O educador que tem um olhar amoroso sente raiva também. Tem dia que não suporto olhar nem para as crianças e nem para suas famílias, e nem para ninguém. Tem dia que acordo com vontade de brigar com todos os dirigentes e com todo o mundo. É duro perceber que, às vezes, ninguém compreende o que você está fazendo. Às vezes, nem as crianças e nem os adolescentes. Mas depois recorro à minha memória e vejo ou me lembro das experiências descritas e narradas por pessoas como Paulo Freire, Makarenko e outros. Aí olho para as histórias e o sofrimento das crianças e adolescentes do abrigo e é como se eu encontrasse o sentido de viver. É como se eu encontrasse uma força para realizar os meus projetos. A esperança brota do meu cotidiano. Os textos que estudei na faculdade ganham uma outra compreensão. Hoje tenho dificuldade de responder como se dá a formação do educador social. Só posso afirmar uma coisa. Ela acontece no dia a dia da vida. As teorias ganham sentido na vida. (Depoimento, Rosa, educadora do abrigo "Rosa dos Ventos" — nomes fictícios)

Uma relação entre o depoimento de Rosa e o cotidiano dos abrigos permite inferir que o projeto pedagógico deve sempre emergir da situação da existência humana. As relações, quando dinâmicas, levam em conta as emoções, a realidade social e o cotidiano, e permitem superar processos de coisificação. A práxis do educador social ajuda no redescobrimento do sentido criador do sujeito. A miséria da pedagogia consiste em transformar o sujeito em uma coisa ou em objeto de terceiros. Na história, essa pedagogia sustentou o confinamento de milhares de pessoas, com o objetivo de defender o modelo econômico e social vigente. Uma pedagogia emancipadora se preocupa com a formação do educador social um pouco pela perspectiva de Rosa. Na vida, "os textos que estudei na faculdade ganham uma outra compreensão". Não existe uma educação no vazio. Todo ato educacional ocorre na relação. Por essa razão, a educação "[...] é um ato de amor, por isso, um ato de coragem. Não pode temer o debate. A análise da realidade. Não pode fugir à discussão criadora, sob pena de ser uma farsa" (Freire, 1981, p. 96).

Nesta discussão, pergunta-se se a educação contribui para transformar o indivíduo e a sociedade em direção à humanização. A dinâmica do processo de educação está em influenciar e deixar-se influenciar. O educador social tem que ter a consciência de que para educar é necessário influenciar o educando e desenvolver nele a capacidade de resistir a certas influências. Já no pensamento grego, percebemos a ideia de que é possível ao sujeito, em determinadas situações, intervir na realidade, mesmo sujeito a circunstâncias externas, dentro da ideia marxista de que o ser humano faz a história e esta o faz. Concebemos politicidade como uma habilidade humana de saber pensar, agir e intervir na busca constante de espaços de autonomia individual e coletiva.

O ato de educar coloca o educador sempre no centro dos conflitos. Cada conflito superado é uma conquista que, porém, abre espaço para outros conflitos. O educador que tem consciência de sua politicidade sabe planejar e fazer de cada acontecimento uma oportunidade. A politicidade do sujeito consiste em desenvolver as habilidades do conhecimento e da aprendizagem. É nesse sentido que podemos utilizar a noção do transfazer do sujeito. O educador que não consegue ressignificar sua história e ajudar os alunos a fazê-lo tem tudo para fracassar na missão de educador social. A construção do conhecimento requer a interação entre sujeito, objeto, realidade e compromisso ético, seja consigo, seja com o outro e com o planeta. A ciência sem consciência é cega. E assim também a consciência sem ciência. Esse pressuposto podemos ver no depoimento de Marta.

> Tenho a paixão em construir um mundo melhor, no qual os homens possam encontrar a felicidade e a alegria de ser. Acredito que a ação que desenvolvo no abrigo, como educadora social, me permite realizar esse sonho de um mundo melhor. Durante a vida, descobri que não melhoro apenas a vida do outro, mas, nessa relação, altero a minha vida. Acredito que hoje tenho uma vida mais humanizada. Eu comecei trabalhando no

abrigo, com o objetivo de educar as crianças e adolescentes. Hoje eu sei que foram eles que me humanizaram. A formação ocorre na prática, na ação. O que estudei na faculdade foi importante. Mas compreendi as teorias a partir do contato com a ação. Acredito que o educador social se descobre na interação de pessoas e do grupo. Na relação com o outro, descobri a novidade da vida. Portanto, educar no abrigo significa ser um gestor da relação entre o sofrimento das crianças e adolescentes e o próprio sofrimento. O educador não tem o papel de acabar com o sofrimento no abrigo, mas o de aprender e de ajudar todos a se apropriarem do sofrimento, não como um bloqueador das potencialidades e habilidades de cada um. O papel dele é desenvolver um processo humanizador. Não sou favorável ao sofrimento, mas, uma vez que se encontra em nosso cotidiano, devemos utilizá-lo como uma estratégia para o aprendizado. Esta forma de pensar não amortece os conflitos, mas coloca o educador no centro dos conflitos. A diferença do educador social é que ele tem mais condições de lidar com os conflitos do que as crianças e adolescentes. Às vezes, os abrigados nos ensinam melhor a lidar com os conflitos e sofrimentos do que nós mesmos. (Depoimento, Marta, educadora do abrigo "Rosa dos Ventos" — nomes fictícios)

Na fala de Marta, há uma certa tendência a superar a dicotomia entre a técnica e a consciência. A ação sem consciência é cega, assim como o é a consciência sem ação. Na base da práxis estão os paradoxos, as contradições, conflitos, valores, sentidos, ideologias, escolhas, que dificultam a ação pedagógica. O educador social não se deve deixar direcionar somente pelas necessidades aparentes, mas sempre perguntar o que está por trás de sua ação e ajudar os envolvidos a construírem um novo caminho. Nesse sentido, é preciso dar ao processo o tempo necessário para aprender e problematizar

> [...] a situação que lhe é proposta, em termos diferentes daqueles de uma organização funcional. [...] O interventor estará em boa posição se conceber a intervenção como um vasto campo transferencial, aquele em que podem deslocar-se os desejos e as angústias, em que se pode vir a sonhar [...]. (Araújo, 2001, p. 184)

Portanto, o educador é uma espécie de interventor que atua no campo da realidade tanto quanto no campo da subjetividade. Ela é de difícil acesso, porque apenas apanhamos suas manifestações e representações. Daí a necessidade de estudá-la e compreendê-la no contexto em que é produzida. Não há subjetividade estática. "Os sentidos subjetivos aparecem de forma gradual e diferente dentro do espaço de expressão do sujeito." (Rey, 2003, p. 266.) Apanhá-la no fazer cotidiano do sujeito excluído, oprimido, é entender que este precisa receber, dar e produzir sentido para continuar vivendo, quer pelos impulsos da religião, quer da esperança ou do desejo de realizar um projeto. A arte de viver dos brasileiros empobrecidos se faz com pequenas esperanças e estratégias que encontram no cotidiano. Como a galinha que cisca e sempre encontra alguma coisa, um pequeno verme, um grão perdido, assim é o pobre no dia a dia. O sujeito em construção é crivado pelas questões sociais e, mais do que uma sistematização conceitual e teórica, é produto e produtor da sociedade e pode ser definido como um conjunto de ações articuladas com o mundo, dotado de autonomia, apesar das condições externas, cujas atividades estão sempre voltadas para um objetivo. Sem essa perspectiva, ele nada é. O sujeito é "[...] totalmente penetrado pelo mundo e pelos outros" (Castoriadis, 1986, p. 128).

Nesse sentido, o sujeito não é aquele que se produz a partir de uma criação voluntarista, livre de influências externas, ou que é comandado por um movimento externo, mas aquele que interage no cotidiano. A autonomia do sujeito e sua interdependência lhe permitem encontrar e traçar caminhos de emancipação. O que se defende é a existência de um espaço de manobra entre o mundo e o sujeito, no qual ele manifesta seus desejos, suas pulsões e faz previsões e escolhas racionais. As ações do sujeito são encaminhadas dentro desse movimento que joga o indivíduo para o encontro do outro e lhe propicia condições para a autodescoberta. Podemos caracterizar a força destruidora presente nas relações humanas como a ausência de esperança produzida pelos tecnocratas das políticas sociais. Em vez de alimentar os sonhos saudáveis, conseguem tirar o gosto pela vida e reduzir as relações humanas a procedimentos burocráticos, por meio de uma racionalidade instrumental.

Referências

Araújo, J. N. G. (2001). *Figura paterna e ordem social*. Belo Horizonte: Autêntica.

Bowlby, J. (2002). *Formação e rompimento dos laços afetivos*. São Paulo: Martins Fontes.

Castoriadis, C. (1986). *A instituição imaginária da sociedade*. Rio de Janeiro: Paz e Terra.

_____. (1999). *Feito e a ser feito: as encruzilhadas do labirinto - V*. Rio de Janeiro: DP&A.

Certeau, M. (1996). *A invenção do cotidiano* (Vol. 1). Petrópolis: Vozes.

_____. (1997). *A invenção do cotidiano* (Vol. 2). Petrópolis: Vozes.

Deleuze, G. (2001). *Empirismo e subjetividade*. São Paulo: 34.

Freire, P. (1981). *Educação como prática da liberdade*. Rio de Janeiro: Paz e Terra.

_____. (1994). *Pedagogia da esperança*. Rio de Janeiro: Paz e Terra.

Fromm, E. (1971). *A arte de amar*. Belo Horizonte: Itatiaia, 1971.

Giard, L. (1996). História de uma pesquisa. In M.Certeau, *A invenção do cotidiano. 1. Artes de fazer* (pp. 9-32). Rio de Janeiro: Vozes.

Heller, A. (1989). *O cotidiano e a história*. Rio de Janeiro: Paz e Terra.

Lévy, A. (2001). *Ciências clínicas e organizações sociais. Sentido e crise de sentido*. Belo Horizonte: Autêntica-Fumec.

Outeiral, J., Hisadas, S., & Gabriades, G. (2001). *Winnicott: Seminários Paulistas*. São Paulo: Casa do Psicólogo.

Patto, M. H. S. (1991). *A produção do fracasso escolar*. São Paulo: T. A. Queiroz.

Rey, F. G. (2003). *Sujeito e subjetividade*. São Paulo: Thomson.

Sartre, J. P. (1967). *Questão de método*. São Paulo: Difusão Europeia do Livro.

Silva, E. R. A. (Orgs.). (2004). *O direito à convivência familiar e comunitária: os abrigos para crianças e adolescentes no Brasil*. Brasília: Ipea/Conanda.

Winnicott, D. W. (1995). *Privação e delinquência*. São Paulo: Martins Fontes.

Aprendizagem de ética: privilégio de seres humanos

* * *

Maria Judith Sucupira da Costa Lins

Tendo sido realizadas diferentes pesquisas sob nossa coordenação, nas quais o processo de aprendizagem e o desenvolvimento cognitivo e sociocultural dos alunos de Ensino Fundamental foi investigado, e outras pesquisas sobre desenvolvimento moral, passamos a relacionar, nesta pesquisa, a questão da aprendizagem com a ética. O educador tem sempre diante de si a pergunta fundamental quando este se encontra na situação de ensino, e até mesmo em outras esferas, como pesquisador: Como se realiza a aprendizagem?

Essa tem sido nossa interrogação frequente, e que foi abordada em longa pesquisa no atendimento durante vinte anos a crianças com habilidades e capacidades consideradas normais, sem nenhuma deficiência detectada, com a finalidade de se entender como se dava a aprendizagem.

A presente pesquisa que se constitui como objeto deste capítulo focaliza a aprendizagem sistematizada da ética, englobada no currículo escolar. Ética pode ser aprendida tanto por meio de uma disciplina isolada, como acontece em alguns países, ou no caso do Brasil, de acordo com a legislação de ensino vigente, como um tema transversal que perpassa todas as atividades curriculares.

Esta pesquisa surgiu do interesse por diferentes abordagens de aprendizagem no currículo e está inserida em uma preocupação mundial no que tange à aprendizagem ética. A realização da aprendizagem representa um constante desafio para todos, não só no que se refere à ética, mas concernente a todos os conteúdos. Não existe aprendizagem no vazio. Não existe aprendizagem sem informação. Algo passará por um processo chamado aprendizagem de modo que a pessoa possa, no fim de algumas etapas, dominar aquele tema. Ser senhor de algo, tal como acontece ao aprender a ler e escrever, a nadar, tricotar, dirigir um carro, resolver equações matemáticas ou quaisquer outros assuntos que não lhe são inerentes. Tudo que não faz parte da sua natureza, não é instintivo ou reflexo, precisa ser aprendido, o que evidencia a importância de pesquisas que tratem do processo da aprendizagem.

A aprendizagem é um processo de transformação contínua que leva o sujeito de uma situação de ausência de certas capacidades para a demonstração da aquisição destas. Muitas formas de aprendizagem são partilhadas por seres humanos e outros animais, como variados tipos de imitação e condicionamento, no entanto, a aprendizagem de ética é um privilégio dos seres humanos. Ninguém nasce ético, no entanto cada indivíduo humano é capaz de aprender a ser ético.

Aprender ética pode ser entendido de duas diferentes formas. Se por um lado se compreender essa expressão como relacionada ao estudo filosófico feito por algumas pessoas, por outro, se quer afirmar que somos capazes, todos nós, de aprender a viver eticamente. É nessa segunda acepção que focalizamos a presente pesquisa. É preciso então que se organizem práticas pedagógicas que propiciem a aprendizagem ética. Em recente ensaio foi observado que a abordagem da educação moral, ou seja, a aprendizagem de ética, exige uma conotação social forte (MacIntyre, 2006), e, a partir dessa constatação, foi indagada qual a relação existente entre as práticas sociais e a filosofia moral. A resposta a essa pergunta deve ser encontrada em pesquisas que observem e também favoreçam a aprendizagem de virtudes e valores. É de grande contribuição para a vivência pedagógica diária dos professores que a filosofia discuta esses temas e estabeleça uma sintonia com as práticas sociais, pois é nesta prática que os alunos se transformam em cidadãos éticos.

Consideramos a forma de aprendizagem mais apropriada para o trabalho que foi realizado aquela que preconiza a atuação consciente e responsável do professor que tem como objetivo proporcionar a aprendizagem significativa (Ausubel, Novak, & Hanesian, 1980). A partir dessa teoria, sabemos que a aprendizagem realizada pelos alunos tem como ponto de partida a sua motivação e a apresentação feita por professores coerentes a seu nível mental, seu contexto social e sua capacitação de modo geral. Consideramos que o processo de aprendizagem descrito a partir das pesquisas realizadas pela equipe referida oferece grandes possibilidades de que o aluno seja bem-sucedido na empreitada de aprender ética.

Além dessa fundamentação teórica sobre a aprendizagem, que nos serviu de ponto de apoio, observamos o conteúdo especificamente e as pesquisas de Alasdair MacIntyre (2007) sobre a prática de virtudes. Aprender ética é viver o exercício das virtudes, sobretudo aquelas analisadas por Aristóteles (1996), levando em conta sempre a perspectiva para o século XXI, tal como é apresentada pelo autor citado. A atualidade das virtudes propostas pelo estagirita é incontestável.

Facilmente se pode concordar com a premissa de MacIntyre (2007) de que a sociedade atual vive o que denominou de desordem moral. Ao descrever desse modo o estado da moralidade, esse filósofo escocês contemporâneo, nascido em 1925 e radicado nos Estados Unidos, não está de modo algum sozinho em sua apreciação da vida ética social. Muitos outros autores chegam também a esse resultado em suas pesquisas, apontando a decadência da ética (Anderson, 2005) na medida em que as pessoas trocaram as virtudes reais por falsas virtudes que parecem brilhar mais do que as tradicionais e, no entanto, estão levando as sociedades a presenciarem cada vez mais situações antiéticas.

A educação das virtudes é iniciada nas famílias, mas cabe à escola o papel de bem completá-la, como instância da sociedade encarregada de proporcionar uma vivência voltada para o bem comum que realmente ofereça condições do exercício da cidadania. Será que a escola está suficientemente bem preparada para essa função que a família e toda a sociedade espera dela? Como estão os cursos de professores no que concerne tanto a conteúdos específicos como a conteúdos de moralidade? Como os professores aprendem a ensinar ética e promover a realização dessa aprendizagem em suas turmas?

Método

Quando se desenha uma pesquisa, a partir da premissa de uma hipótese que aqui consideramos importante apresentar, a escolha do método é uma decisão-chave para o bom andamento dos trabalhos. Nesta pesquisa, partimos da hipótese de que é possível se aprender virtudes de forma organizada em situações próprias de uma escola. Esta pesquisa tem como objetivo aplicar um modelo de aprendizagem de virtudes de modo que se possa discutir esse processo de realização da aprendizagem para possível aplicação futura.

Embora não seja uma pesquisa quantitativa, há muito o que se aprender com o acompanhamento do processo de aprendizagem de ética dos alunos observados segundo uma proposta diferente e alternativa. Trata-se de uma pesquisa qualitativa cuja metodologia foi construída a partir da perspectiva ensinada por René Barbier (1997), conhecida como *Escuta Sensível*. A Escuta Sensível exige um mergulho completo em todas as circunstâncias do universo da pesquisa e por isso leva o pesquisador à descoberta de detalhes essenciais para seu conhecimento do assunto. Utilizando esse método, logo se nota que a observação direta das situações pedagógicas oferece condições de melhor compreensão da prática curricular nas escolas com o objetivo da realização do ensino/aprendizagem da ética. Estar presente durante as aulas e também nos momentos das atividades extraclasse leva a informações que uma pesquisa em outros moldes dificilmente poderia fornecer.

Ao modelo da Escuta Sensível descrito por René Barbier (1997) foram feitas substanciais modificações (Lins, 2007). Esses acréscimos, ou alterações, são significativos, pois a proposta barbieriana consiste na Escuta Sensível sem uma ação interveniente do pesquisador. Pela experiência obtida em diversas pesquisas desde a década de 1990 com essa técnica, partimos para a aplicação de uma proposta metodológica na qual o pesquisador precisa interferir quando se fizer necessário e for solicitado, conforme as circunstâncias e em graus e modos adequados e julgados previamente na discussão de toda a equipe da pesquisa. Essa Escuta Sensível modificada já se mostrou da maior eficácia em pesquisas anteriores, possibilitando aos pesquisadores um conhecimento pessoal de cada um dos alunos envolvidos nas pesquisas e um encaminhamento para a aprendizagem das virtudes. O primeiro modelo seguindo essa dupla proposta metodológica apresentou excelentes resultados e foi discutido em congresso internacional da Association for Moral Education em julho de 2006 em Friburgo, Suíça e também publicado.

Especificamos que o modelo de aprendizagem criado para esta pesquisa foi experimentado em uma escola particular, laica, de porte médio, instalada numa capital do Nordeste brasileiro com pouco mais de quarenta anos de funcionamento e avaliada como de bom ensino pelos resultados dos alunos obtidos em diferentes testagens por órgãos locais e nacionais. Trata-se de um trabalho original e que se desenvolve segundo métodos próprios.

À metodologia utilizada reuniu-se a reconhecida proposta ausubeliana da *Aprendizagem Significativa*, já referida na introdução. Essa Aprendizagem Significativa exige uma postura do professor especialmente consciente de que deve trazer para a aula um material devidamente preparado, adequado ao conhecimentos dos alunos e motivador. Nesse sentido é que o ensinamento de Ausubel et al. (1980) favorece amplamente a realização da aprendizagem da ética.

Sabendo que "clarificação de questões encoraja o aluno ou os alunos a elaborarem suas próprias ideias" (Reiman & Dotger, 2008, p. 154), utilizamos continuamente essa técnica, da qual surgiu um efeito muito grande. Por meio da clarificação de questões foram realizados debates que provocaram cada vez mais perguntas por parte dos alunos, o que fortificava sua aprendizagem. Esses mesmos autores sugerem, o que está bastante adequado à aprendizagem significativa utilizada nesta pesquisa, que "a abordagem de discurso pode ser uma contribuição valiosa para o lado normativo do ensino" (Reiman & Dotger, 2008, p.154). Esse é um ponto que deve ser ressaltado na metodologia desta pesquisa, principalmente por seu quase ineditismo, dado que na atualidade muitas vezes se preconiza a não utilização do discurso por parte de professores.

Voltando à presente pesquisa, relatamos que foi utilizada a técnica de Bardin (1996) no que se refere à análise de dados, com a sua categorização e apreciação das inferências. Reunimos os comentários dos alunos, que anotávamos durante as observações, as frases escritas por eles em desenhos, as frases que constituíram a moral da história que leram e outras manifestações e depois os agrupamos segundo categorias dentro de cada uma das virtudes que estavam sendo aprendidas.

Ética se aprende desde a infância. É a partir dessa premissa que se configurou a presente pesquisa.

Participantes

Foi selecionada uma turma de segundo ano do Ensino Fundamental formada por 27 alunos, sendo 18 meninas e 9 meninos. Dentre os alunos, 12 completaram oito anos antes do início do ano letivo e as restantes 15 crianças completaram oito anos até o fim do ano da pesquisa. Havia, desse modo, uma mínima variação da idade, apenas de alguns meses, entre as crianças, de modo que todas até o fim do ano estavam com oito anos completos. Foi observada uma frequência constante às aulas. Raramente algum aluno ou aluna faltava à escola, e, quando isso acontecia, era justificado pela família.

Essa turma estava sob a responsabilidade de uma professora de classe apoiada pela equipe de orientação pedagógica, além dos professores de disciplinas específicas nas áreas de Artes Plásticas e Música e também para a Educação Física. Todos os dias os alunos estavam com a professora de classe, exceto quando se dedicavam às atividades das disciplinas ministradas pelos professores especializados.

A escola tem uma organização que favorece a disciplina e o comportamento social dos alunos, ao mesmo tempo que promove a responsabilidade pelo exercício da liberdade segundo critérios claramente estabelecidos. Todos os alunos usam uniforme. Também professores, professoras, funcionários e funcionárias trabalham na escola usando uma camisa ou blusa com o nome da escola. Há um clima de alegria e confraternização presente em todos os ambientes da escola, que é limpa, clara e funciona em prédio construído apropriadamente para esse objetivo.

A turma participante da pesquisa funcionava no turno da tarde. Todos os alunos reuniam-se na quadra de esportes até 13h15 para um momento de informes gerais e concentração. Os professores e coordenadores estavam presentes e, muitas vezes, a própria diretora da escola. Como exemplo, em abril a coordenadora conversou com os alunos sobre os índios, num tom informal que facilitou a participação dos alunos, que recebiam as informações e faziam perguntas numa interação tranquila. Depois dessa conversa, todos saíam, em fila.

Instrumentos

A professora conduziu verbalmente questionário elaborado pelos pesquisadores. Cada questão desse questionário referiu-se a uma das virtudes, servindo apenas de fio condutor para a professora. A seguir as questões que compuseram o questionário:

Você acha justo tomar os brinquedos da mão do seu colega?

Você acha justo que o seu colega tome o seu brinquedo?

Você consegue parar de conversar com o colega quando a professora pede?

Se o seu colega acabou o lanche, e ainda está com fome, você dá o seu lanche a ele?

Se o seu amigo fez bagunça na sala de aula, o que você faria?

Também foi proposto à professora um modelo de diálogo que deveria acontecer em diferentes situações:

O que você acha certo? O que você acha que é uma coisa boa?

Conte alguma coisa boa que você (ou uma pessoa que você conhece) tenha feito.

As pessoas fazem sempre somente coisas certas e boas?

O que é ser bom?

Como você sabe que uma pessoa é boa?

Essas questões serviram de base para o diálogo em sala de aula. A ideia dessas conversas é que houvesse uma aprendizagem significativa por meio da explicitação da professora, que deveria corrigir as respostas que se desviavam dos conceitos das virtudes previamente estabelecidos, conforme a perspectiva aristotélica.

Resultados e discussão

Foi observado que há uma prática de construção de regras de maneira que os alunos aprendam a viver eticamente. Com base nas quatro virtudes propostas, muitas vezes os alunos foram chamados a discutir sobre suas próprias atividades. Eles estão se preparando para tomar decisões por toda a sua vida, e "mais próximo à escolha genuína é a prática de incluir alunos na construção das regras e atividades da sala de aula" (Goodman, 2006, p. 110).

As atividades de aprendizagem observadas incluíram explanações, uso de quadro verde, material audiovisual eletrônico, painéis e cartazes, fotos e desenhos, livros e cadernos, objetos em geral, jogos e brinquedos, inclusive os que foram trazidos de casa pelos alunos, o que lhes é permitido nas sextas-feiras.

De modo geral, as crianças não conseguem ficar muito tempo em silêncio, o que prejudica bastante a aprendizagem, sendo muitas vezes necessário que a professora solicite a colaboração de todos. Quando voltam ao silêncio se concentram em suas atividades e trabalham com prazer.

Virtudes e valores são também ensinados por meio de fábulas e livros de histórias infantis em geral, levados para a sala pela professora ou pelos alunos, conforme foram pedidos previamente. Para quase todos os itens curriculares que devem ser aprendidos, há uma fixação interessante por meio de desenho livre, atividades de perguntas e respostas e a correção oral dos deveres de casa, da qual todos participam. Nesses momentos a professora acompanha as atitudes das crianças e faz comentários explicitando as virtudes conforme sejam adequadas a cada comportamento. Durante a execução de trabalhos que lhes permitem a concretização da aprendizagem, as crianças ficam motivadas, calmas e conseguem fazer silêncio. Trabalham às vezes individualmente e outras em pequenos grupos. As mesas e cadeiras são em geral arrumada em filas tradicionais, mas são deslocadas de modo a fazerem um círculo ou agrupadas em quatro ou seis para que os alunos trabalhem juntos.

Conforme foi organizado pela pesquisadora, durante todo o ano escolar as crianças devem aprender, inicialmente, quatro virtudes, que foram selecionadas conforme a literatura pertinente. São as seguintes virtudes: justiça, temperança, generosidade e amizade.

As crianças aprendem as quatro virtudes independentemente de qualquer ordenação, e as atividades se alternam, de modo que as virtudes trabalhadas apareçam, vão e voltam. Conforme as situações ocorrem, a professora expõe uma das virtudes e mostra a importância de ser vivenciada, exemplifica e solicita a participação dos alunos. Há uma liberdade de uso do tempo, de modo que os alunos que necessitam de mais tempo são autorizados a continuar com suas atividades. Os demais, que já acabaram, podem fazer outras atividades, ou mesmo conversar em pequenos grupos, o que fazem sem muita balbúrdia. Quando se excedem, a professora se dirige a esses grupos e conversa com eles pedindo que respeitem os colegas que ainda estão fazendo as suas tarefas.

Todos os exercícios são devidamente corrigidos pela professora, com os comentários pertinentes e adendos que promovam a construção da aprendizagem das quatro virtudes. As crianças fizeram desenhos para cada uma das virtudes. Um exemplo interessante está na sequência em que foram desenhadas duas meninas brigando por uma boneca e depois as duas meninas brincando com a boneca e vários corações coloridos foram desenhados em volta delas e circundando a palavra Amizade.

Muitas vezes a professora se utiliza do quadro para escrever conteúdos e avisos e também para desenhar. Houve uma visita a pontos históricos da cidade em conjunto, promovida pelo colégio, e também as crianças foram convidadas a ir com suas famílias e trazer fotografias delas próprias em alguns desses monumentos. Quando as crianças retornaram, a professora trabalhou o sentido da tradição e a importância da história da cidade para todas as pessoas, aproveitando para exemplificar situações de justiça, amizade, generosidade e temperança. Os alunos exemplificam situações em que foram criativos nas medidas que tomaram. A professora explica sobre o lixo, o meio ambiente, a alimentação, as brincadeiras, sempre introduzindo situações práticas e encaminhando o tema das virtudes. Ela organizou um caderno com as atividades que planejou para a realização do ensino-aprendizagem das quatro virtudes selecionadas.

Conforme outras pesquisas semelhantes, é preciso que se observe continuamente as crianças para que haja uma avaliação do seu progresso na aprendizagem. No caso de conteúdos de difícil objetivação e tratando-se de uma pesquisa qualitativa, nossas observações são de cunho descritivo, mas podemos notar que as crianças superaram suas motivações emocionais em função da justiça, da amizade, da temperança e da generosidade. Trabalhos semelhantes (Nunner-Winkler, 2007) também apontam para a superação de motivações emocionais, argumentando que as crianças esperam que os professores se sintam bem quando elas agem adequadamente. Isso foi o que detectamos também na turma pesquisada.

Concordando com a preocupação geral de educadores referente à aprendizagem da ética, tivemos o cuidado de considerar a ação da professora. É nessa direção que se põe a pergunta:

> Qual o papel que esses profissionais assumem nesse processo, considerando que as inúmeras mudanças na sociedade impuseram à escola e aos profissionais que nela atuam uma responsabilidade que era atribuída, em uma primeira fase de construção, à família? (Trevisol, 2009, pp. 153-154)

Deve-se ter sempre em foco essa discussão, pois cabe ao professor, segundo a teoria selecionada da Aprendizagem Significativa, parcela de responsabilidade no que resultará como aprendizagem de ética. A atitude da professora em relação aos alunos foi um dos pontos positivos observados. Além da professora, é indispensável ressaltar que todo o ambiente dessa escola em muito favoreceu a realização da aprendizagem. A diretora da escola, que não só nos autorizou a realizar a pesquisa, mas que sempre nos permitiu estar na escola livremente, e todas as pessoas que trabalham na escola demonstram um posicionamento ético e um grande interesse na aprendizagem de seus alunos no que se refere à educação moral. Isso, sem dúvida, é muito importante.

Uma pesquisa como esta que está sendo relatada, sobre aprendizagem de ética, envolvendo virtudes e valores, tem como protagonista o professor. Por isso, é preciso que seja feita uma profunda discussão sobre a formação desses profissionais em todas as dimensões. Sobre esse aspecto, vale observar, conforme analisam Lovat e Clement (2008, p. 9), que "há um componente de valores em toda aprendizagem, porque o conhecimento não pode ser neutro em relação a valores e assim, qualquer aprendizagem implica encontrar valores relacionados a um domínio do conhecimento". Esse é um ponto fundamental na formação de professores e deve ser estudado em todos os seus diferentes aspectos.

Por meio de diferentes materiais e abordagens práticas elaboradas pela professora, as virtudes foram aprendidas pelos alunos, não por uma exposição didática, mas pelo envolvimento e comprometimento assumido. A aprendizagem também foi possível de ser realizada porque tanto a professora como os alunos se mostraram altamente motivados durante todo o ano letivo, tempo no qual foi realizado este trabalho. Resultados mostram que houve um real processo de aprendizagem, de modo que os alunos passaram por diferentes etapas de aquisição, construção, retenção e generalização dos conteúdos propostos que eram compostos pelas virtudes, tendo sido assim alcançado o objetivo da pesquisa.

Sobre a virtude da amizade, no fim da vivência de diferentes atividades voltadas para a aprendizagem dessa virtude, foi solicitado aos alunos que fizessem cartazes escrevendo o conceito de amigo e colando uma ilustração pertinente que deveria ser recortada de um estoque de figuras. Cada criança recebeu uma folha azul, na qual estava escrito, no alto: "Ser amigo é..." As formas de completar essa frase foram calcadas na experiência pessoal e na vivência social na escola.

As frases foram categorizadas e houve maior incidência de afirmativas na categoria referente à partilha e ao cuidado, seguindo-se a categoria que compreendia conceitos de honestidades e justiça. Houve ainda crianças que se referiram à amizade com afirmativas incluídas na categoria que ressaltou a importância das qualidades internas em detrimento das externas para que a amizade existisse. Essa aprendizagem resultou de pormenorizado trabalho diário da professora com os alunos que vivenciaram situações concretas entre eles e avaliaram se correspondiam ou não a manifestações de amizade.

No início do ano letivo foi observado que a ideia de justiça estava muito ligada a situações criminais e que essa virtude acontecia quando o "ladrão era preso pela polícia". Expressões concernentes a ser justo ou ser injusto estavam no vocabulário das crianças, no entanto o uso era caracterizadamente emotivista (MacIntyre, 2007). Somente depois de atividades de aprendizagem específicas ou não as crianças começaram a avaliar os acontecimentos de forma objetiva, dentro de sua capacidade de raciocínio concreto. Julgaram sempre situações de sua vida em casa, na escola e em outros lugares, sem que se passasse para generalizações que esses alunos não conseguiriam ainda compreender.

A maior dificuldade de aprendizagem das virtudes ocorreu no que diz respeito à temperança. Nem mesmo o termo fazia parte do linguajar das crianças e por isso a professora começou o processo de aprendizagem com a busca da explicação no dicionário. A partir da ideia de moderação, as crianças começaram a trabalhar no sentido de descobrir em quais situações houve exagero ou desleixo. A temperança tem sido aprendida principalmente no uso do material escolar, no cuidado com os objetos e na preocupação em evitar o desperdício. Analisaram, por meio de diferentes atividades concretas, em que momentos não houve equilíbrio e elas se deixavam levar para cada um dos extremos.

A virtude da generosidade foi aprendida a partir da observação da natureza e do meio ambiente, de modo que as crianças começaram a aprender como havia uma prestação gratuita de serviços. A partir desse primeiro instante, as crianças exemplificaram com situações em que viveram ou não essa virtude. Foram chamadas a se lembrar de acontecimentos em sua vida particular e na família em que foi vivenciada a generosidade, em que agiram generosamente e, principalmente, naqueles em que receberam atos generosos das pessoas a sua volta.

Como em outros campos da aprendizagem, é preciso que haja um comprometimento pleno dos personagens, professores e alunos, que estão agindo em mútua colaboração e visando aos mesmos objetivos. Nesse sentido, pode-se afirmar que "a maioria dos valores morais são como todos os outros valores; nós podemos adquirir o conhecimento deles somente por meio de engajamento pessoal ativo com eles" (Keefer, 2006, p. 372). Isso é essencial e foi observado nesta pesquisa. Consideramos que um dos pontos fundamentais que possibilitou o sucesso da aprendizagem desses alunos foi a pronta disposição da professora, seu envolvimento pessoal e sua capacidade de transmitir um entusiasmo sobre o assunto que logo contagiou toda a turma. A atividade comum da professora e seus alunos com respeito aos objetivos inicialmente propostos foi evidente e gerou a aprendizagem pretendida.

Esta pesquisa mostrou também que a aprendizagem de virtudes exerceu um papel fundamental na construção do caráter dos alunos. O interesse em relação ao que é certo ou errado e a preocupação em agir eticamente consigo próprio e com os outros mostrou essa aprendizagem. Lembramos que muito ainda há que ser aprendido pelos alunos participantes desta pesquisa, devido à sua idade. Aprenderam a viver os valores morais em um clima de intensa comunicação e se mostraram propensos a uma continuação desse processo. Pode-se fazer um acompanhamento desses alunos, numa pesquisa longitudinal, de modo que se tenham resultados no fim da construção da maturidade ética na conclusão da adolescência e entrada na idade adulta.

Considerações finais

Em primeiro lugar, é importante que seja ressaltado o fato de a aprendizagem das virtudes propostas ter se realizado mediante a apresentação de conteúdos significativos previamente elaborados pela professora segundo um planejamento das aulas. As atividades de aprendizagem de ética não eram isoladas do contexto geral desse processo no qual os alunos estavam vivenciando as mais diversas experiências. A Aprendizagem Significativa na perspectiva ausubeliana se mostrou altamente propícia à aquisição das virtudes e muito adequada aos objetivos desta pesquisa. Também é preciso que se tenha em presente que o ensino das virtudes aconteceu segundo a transversalidade do tema da ética. A novidade inaugurada por este projeto de pesquisa aplicado na escola em questão foi o fato de se ter criado um modelo que reuniu a concepção de aprendizagem significativa aos conceitos de virtude.

Lembremo-nos que a concepção de virtude como excelência calcada no meio-termo entre os extremos que são os vícios, baseada em Aristóteles (1996), nos mostra que estas são "traços complexos de caráter; isto é, traços que predispõem uma pessoa a sentir e/ou agir de um certo modo moralmente certo nas circunstâncias certas em direção às pessoas certas" (Kristjansson, 2006, p. 43). A partir desa compreensão, é preciso a existência concreta de um processo de aprendizagem capaz de estabelecer bases para a existência desses traços, se queremos ter adultos virtuosos. No entanto, como se observou nessa pesquisa, estes traços não podem ser impostos, nem serão aprendidos por meio de condicionamentos, com prêmios e punições. Esses traços, que são as virtudes, foram aprendidos pela experiência vivida sob a orientação da professora, mas sempre pela prática, pelo exercício real. São aprendidos mediante a significação conferida à aprendizagem porque têm um valor concreto para a vida de cada um como cidadão.

Consideramos que é importante a aplicação desse modelo de aprendizagem não só para o conteúdo específico da aquisição das virtudes, como foi o caso aqui relatado, mas para diferentes outros itens do programa escolar. A aprendizagem de ética realizada por esses alunos foi intensa e esse processo pode ser generalizado para que em outras matérias curriculares também possa acontecer. Esta pesquisa continua o caminho trilhado por outras que se propuseram a entender o processo de realização da aprendizagem relacionado à ética, numa perspectiva contínua, pois "diversas experiências mostram como é possível a inserção dos conteúdos éticos na vida escolar" (Lins, 2009, p. 121). É sugerida a exploração de novos enfoques de modo que se possa oferecer aos professores, e à sociedade de modo geral, possibilidades concretas da construção da aprendizagem.

Uma das observações destacadas nesta pesquisa foi a qualidade da ação da professora, que em muito favoreceu a realização da aprendizagem. A professora foi receptiva à contínua orientação dada pela pesquisadora, além de ter demonstrado que havia recebido uma preparação sólida e adequada sobre a questão ética e quanto aos procedimentos de ensino-aprendizagem. Como se tem enfatizado em relatórios de pesquisa apresentados em congressos e publicados, a construção moral do próprio professor (Johnson, 2008) é considerada como um dos elementos cruciais para que a aprendizagem ética seja bem-sucedida. É, pois, de suma importância se avaliar o trabalho do professor, acompanhá-lo e discutir continuamente com ele para que sua ação seja eficaz. Nesse sentido é que salientamos na introdução as razões da opção pelo distanciamento desta pesquisa quanto à proposta exclusiva da Escuta Sensível, tal como é preconizada pela metodologia estabelecida por Barbier (1997).

Como em outras dimensões curriculares, a formação do professor é um elemento crucial para que os alunos possam aprender qualquer tipo de conteúdo, seja técnico ou moral. Desse modo, é sabido que "se os estudantes de cursos de formação de professores não recebem nenhum treinamento na área de desenvolvimento moral, educação do caráter e valores, eles estarão despreparados para ensinar nestas áreas" (Revell & Arthur, 2007, p. 86). Embora esta seja uma correlação conhecida, muitas vezes não encontramos professores devidamente preparados para o exercício pleno de sua profissão, apresentando principalmente graves lacunas no que se refere à capacidade de ensinar virtudes a seus alunos. Ensinar virtudes não é fornecer informações sobre estas e depois cobrar uma repetição memorizada do que foi pretensamente ensinado. É necessário que os professores sejam capacitados de tal modo que venham a organizar estratégias adequadas para que os alunos aprendam ética, elaborando a prática, sem esquecer a aprendizagem significativa que lhes exige a apresentação também desse conteúdo.

Atualmente se observa a grande dificuldade referente à aprendizagem de virtudes, não pelo processo em si mesmo, mas pelas contingências da vida social. Em recente análise desse problema, Carr (2005) se pergunta como será possível ensinar, e portanto aprender, virtudes em um mundo tomado pelo relativismo, porém aponta que essa é uma tarefa indispensável para que se tenha uma sociedade ética.

O que esta pesquisa nos mostrou é que é possível aprender ética, desde que haja uma nítida intenção do professor e que a perspectiva ausubeliana da aprendizagem significativa seja seu substrato de fundamentação.

Uma das conclusões que esta pesquisa nos oferece é que, ao contrário do que muitas vezes se tem observado, na prática e nas falas de professores, os alunos se sentem motivados e aprendem em situações de apresentação direta dos conteúdos. Isso é uma realidade, desde que a exposição seja significativa e dialogada, além de cuidadosamente planejada para que esteja adequada aos alunos aos quais se destina. É preciso ainda entender que, se pretendemos educar cidadãos (Althof & Berkowits, 2006), não podemos nos descuidar da educação moral em sua mais ampla abrangência. Alunos de sete anos que vivenciaram a experiência organizada de aprender virtudes devem receber continuamente esse tipo de prática pedagógica para que realmente possam assumir a sua cidadania.

Referências

Althof, W. & Berkowitz, M. (2006). Moral education and character education: their relationship and roles in citizenship education. *Journal of Moral Education*, *35*(4), 495-519.

Anderson, D. (2005). *Decadence*. London: Social Affairs Unit.

Aristóteles. (1996). *Éthique a Nicomaque*. Paris: Flammarion.

Ausubel, D., Novak, J., & Hanesian, H. (1980). *Psicologia educacional*. New York: Ed. Interamericana.

Barbier, R. (1997). *L'Approche transversale. L'écoute sensible en sciences humaines*. Paris: Anthropos.

Bardin, L. (1996). *L'Analyse de contenu*. Paris: PUF.

Carr, D. (2005). On the contribution of literature and the arts to the educational cultivation of moral virtue, feeling and emotion. *Journal of Moral Education*, *34*(2), 137-152.

Goodman, J. (2006). Student's choices and moral growth. *Ethics and Education*, *1*(2), 103-116.

Johnson, L. (2008). Teacher candidate disposition: moral judgement or regurgitation? *Journal of Moral Education*, *37*(4), 429-444.

Keefer, M.W. (2006). A critical comparison of classical and domain theory: some implications for character education. *Journal of Moral Education*, *35*(3), 369-386.

Kristjansson, K. (2006). Emulation and the use of role models in moral education. *Journal of Moral Education*, *35*(1), 37-49.

Lins, M. J. S. C. (2007). *Educação moral na perspectiva de Alasdair MacIntyre*. Rio de Janeiro: Editora Access.

_____. (2009). Ética e educação escolar. In R. J. Oliveira, & M. J. S. C. Lins (Orgs.), *Ética e Educação: uma abordagem atual*. (pp. 115-126). Curitiba: Editora CRV.

Lovat, T. & Clement, N. (2008). Quality teaching and values education: coalescing for effective learning. *Journal of Moral Education*, *37*(1), 10-16.

MacIntyre, A. (2006). Moral philosophy and contemporary social practice: what holds them apart? In A. MacIntyre, *The tasks of philosophy. Selected wssays*. (Vol. 1, p.104-124). New York: Cambridge University Press.

_____. (2007). *After virtue. A study in moral theory*. Indiana: Notre Dame University Press.

Nunner-Winkler, G. (2007). Development of moral motivation from childhood to early adulthood. *Journal of Moral Education*, 36(4), 399-414.

Reiman, A. J. & Dotger, B. H. (2008). What does innovation mean for moral educators? *Journal of Moral Education*, 37(2), 151-164.

Revell, L. & Arthur, J. (2007). Character education in schools and the education of teachers. *Journal of Moral Education*, 36(1), 79-92.

Trevisol, M. T. C. (2009) Tecendo os sentidos atribuídos por professores do ensino fundamental ao médio profissionalizante sobre a construção de valores na escola. In Y. De La Taille & M. S. D. S. Menin, *Crise de valores ou valores em crise?* (pp. 152-185). Porto Alegre: Artmed.

A importância da escolarização em língua portuguesa para imigrantes no Quebec: o equilíbrio emocional dos recém-chegados brasileiros

* * *

Nilce da Silva

Na gramática da política da imigração do governo canadense, assim como na província do Quebec, que faz uma pré-seleção dos seus candidatos tendo como prioridade a manutenção da língua e cultura francesas em seu território, existem quatro tipos de entradas legais no país para futura aquisição da cidadania canadense: a) asilo para refugiados, b) apadrinhamento, c) reagrupamento familiar, d) recebimento de imigrantes qualificados. Por essas vias, portanto, a sociedade canadense tem se constituído.

Temos, então, um bom número de imigrantes recebidos por esse país da América do Norte que sofrem risco de vida em seus países de origem tendo em vista as guerras instaladas nesses locais, tais como: congoleses, iranianos, afegãos, dentre outros. Há ainda, enquanto maneira de entrada legal no território, o ingresso de pessoas que são "apadrinhas" por canadenses, tal como no caso de casamentos entre canadenses e estrangeiros, sendo que o "afilhado" é de total responsabilidade do seu "padrinho". Constata-se também uma política de reagrupamento familiar em que "um novo canadense", pessoa que não nasceu no Canadá e que recebeu a cidadania, passa a ter o direito de convidar seus familiares diretos para residirem no país. E, finalmente, há a quarta maneira de imigração proposta pelo dito país que é o favorecimento da entrada de adultos escolarizados (curso técnico ou superior no mínimo) e qualificados profissionalmente para que venham compor a sociedade canadense atual, com baixa taxa de natalidade e crescente número de idosos, conforme discurso oficial.

Neste artigo, faremos algumas considerações acerca dessa última forma de ingresso legal no país baseadas em pesquisa exploratória, de caráter qualitativo e estudos de caso e narrativas autobiográficas realizados entre agosto de 2008 e maio de 2009, período em que a autora atuava como professora visitante e como professora associada na Université du Québec à Trois-Rivières. Do lugar social ocupado pela pesquisadora, o interesse deste estudo se dirigiu para o grupo de imigrantes brasileiros qualificados recebidos pela província do Quebec a partir do ano 2000. O foco das investigações realizadas se concentrou no papel desempenhado pela escolarização em língua portuguesa feita pelos pesquisados antes da decisão de partirem para as terras do Hemisfério Norte. Tal escolarização, conforme já assinalamos, foi uma das condições da admissibilidade para a recepção desses brasileiros como imigrantes e futuros cidadãos no Quebec, Canadá.

Finalmente, no âmbito dos questionamentos aqui apresentados, ainda que iniciais, gostaríamos de salientar que a morte de José Saramago em 2010 nos inspirou profundamente a escrever este artigo. Para nós, a perda desse homem foi imensa tendo em vista o símbolo que é de toda a lusofonia, tão maltratada. Assim, o texto que agora segue com reflexões embrionárias é um tributo a esse português que, talvez, se tivesse tentado imigrar para o Canadá, ou não teria sido aceito, já que fez um secundário técnico em Lisboa, ou, caso tivesse sido aceito, poderia ter sido admitido como atendente em uma das muitas lojas de redes internacionais de *fast-food*, pelo menos nos primeiros anos da sua vida em terras canadenses.

A gramática da imigração canadense

Servimo-nos de algumas importantes contribuições da obra *A gramática do tempo: para uma nova cultura política* (Santos, 2005) para tecermos nossas considerações acerca da política imigratória canadense, mais especificamente, como assinalado anteriormente, aquela referente à forma de seleção dos candidatos a "novos canadenses" conhecida como "imigração que recebe trabalhador qualificado" e o papel desempenhado pela escolarização realizada na língua de

Camões no sistema educacional brasileiro quando da inserção dos sujeitos desta pesquisa no mercado de trabalho em questão e na sociedade canadense.

De acordo com Santos, Portugal é, desde o século XVII, um país semiperiférico no sistema mundial capitalista, ou seja, ele ocupa tanto o centro como a periferia da economia no mundo, já que é "um estado capitalista que, por ser simultaneamente produto e produtor dessa posição intermédia e intermediária, nunca assumiu plenamente as características do Estado moderno dos países centrais, sobretudo os que cristalizaram no Estado liberal a partir de meados do século XIX (...)" (p. 227).

Essa condição semiperiférica fez da colonização portuguesa um processo com características subalternas, "o que fez com que as colónias fossem colónias incertas de uma colonização certa. Esta incerteza ocorreu tanto de um défice de colonização — a incapacidade de Portugal colonizar segundo os critérios dos países centrais — como um excesso de colonização, facto de as colónias terem estado submetidas, especialmente a partir do século XVIII, a uma dupla colonização: por parte de Portugal e, indiretamente por parte dos países centrais (sobretudo a Inglaterra) de que Portugal foi dependente (por vezes de modo quase-colonial)" (p. 228).

Nesse sentido, pode-se afirmar que o Brasil e as demais ex-colônias portuguesas se representam a si próprios como subalternos, posição que a representação colonial lhes atribuiu.

Essa especificidade do colonialismo português, sempre de acordo com Santos, assenta-se basicamente na economia e se manifesta também nos planos social, político, jurídico, cultural, nas práticas cotidianas da sobrevivência, da opressão e da resistência.

Tal situação vivenciada por Portugal e por suas ex-colônias suscita questões sobre a natureza da língua oficial portuguesa e, acrescentamos nós, sobre a escolarização realizada em língua portuguesa tal como aquela recebida pelos sujeitos desta pesquisa.

Santos afirma que o vínculo entre o colonizador e o colonizado é dialeticamente destrutivo e criativo; e, obedecendo à mesma direção histórica, nós afirmamos ser dessa forma o vínculo estabelecido entre canadenses, de raízes, e brasileiros imigrantes. Parafraseando esse autor, a corrente que une o habitante nascido no país receptor ao imigrante brasileiro qualificado, neste caso, é a mesma que une colonizador e colonizado: de racismo e xenofobia. Assim, o brasileiro (ex-colonizado por Portugal e quase colonizado pela Inglaterra) é uma presença incompleta em Trois-Rivières, local em que realizamos este estudo.

Segundo as informações obtidas em páginas da internet do governo (federal, provincial e das cidades) do Canadá, que são também ouvidas e vistas na mídia canadense, a mensagem propagada é de que tal país é uma sociedade multicultural. Entretanto, ao citar Bhabha, Santos (p. 237) nos adverte que:

> o multiculturalismo pressupõe a ideia de uma cultura central que estabelece as normas em relação às quais devem posicionar-se as culturas menores [...] a afirmação da diversidade multicultural implica sempre na afirmação da diferença cultural. É por isso que os projectos multiculturais não têm impedido que o racismo e a discriminação étnica continuem a propagar-se.

No âmbito deste estudo, o multiculturalismo tem como cultura central a cultura inglesa (Cormier, 2005). É essa a cultura da anglofonia que estabelece as normas para que as demais gravitem em torno dela, a saber: a cultura francófona, da região do Quebec, por exemplo, das Primeiras Nações, verdadeiros donos do território americano antes da chegada dos colonizadores; ainda, as culturas lusófona, árabe, dentre outras.

Sendo assim, podemos supor que cada brasileiro na região do Quebec está ligado pelo racismo e pela xenofobia aos habitantes que nasceram nessa cidade, descendentes de ingleses e/ou franceses, ou no Canadá como um todo. Esse vínculo faz com que a escolarização recebida em língua portuguesa seja desprezada pelo mercado de trabalho condenando esses "novos canadenses" às franjas da comunidade, da sociedade e do país, pelo menos nos primeiros anos no país, conforme indicam os dados coletados neste estudo exploratório por meio do conhecimento da narrativa de diferentes histórias de vida.

Ou seja, nesse período, toda a escolarização recebida pelos brasileiros em língua portuguesa, mais de quinze anos de escola, pelo menos, assim como suas pessoas, e sua descendência, é violentada pela coerção, ou pela segregação ou pela assimilação.

"No caso do racismo, o princípio da exclusão assenta na hierarquia das raças e a interação desigual ocorre primeiro, através da exploração colonial (escravatura, trabalho forçado), e depois, através da imigração" (Santos, 2005, p. 281).

Dito de outro modo, o brasileiro recém-recebido na região do Quebec, justamente porque é escolarizado e tem formação profissional, é segregado e mesmo humilhado nesse mercado de trabalho por ser imediatamente desqualificado.

Síntese dos estudos de caso

Tendo em vista os limites desta publicação, apresentamos abaixo uma tabela que sintetiza alguns dados coletados por meio da narrativa de histórias de vida importantes para as reflexões que nos propusemos a fazer neste momento. Os nomes apresentados em seguida são fictícios e os elementos apresentados foram coletados junto a quatorze brasileiros.

Tabela 1 – Síntese dos dados coletados						
Nome	Idade	Escolaridade (no Brasil)	Ano de entrada no Quebec	Trabalho que exercia no Brasil	Atividade que desempenha no Quebec	Excerto de narrativa
Rosa	50	Mestrado em Letras	2000	Professora universitária, palestrante	Desempregada	Do que adianta ter doutorado em terra de secretariado.
Cristina	44	Doutorado em Educação	2008	Professora universitária, pesquisadora	Professora de italiano (trabalho intermitente)	A única pessoa que se preocupou em me passar algum documento em língua portuguesa foi uma Testemunha de Jeová que vem na porta da minha casa.

Tabela 1 – Síntese dos dados coletados

Nome	Idade	Escolaridade (no Brasil)	Ano de entrada no Quebec	Trabalho que exercia no Brasil	Atividade que desempenha no Quebec	Excerto de narrativa
Marcela	42	Doutorado em História	2007	Professora universitária	Acompanhante noturna em "hospital - casa" de doentes terminais	Uma das regras aqui é a seguinte: se a pessoa estiver morta, abre a janela e fecha a porta.
Carlos	33	Graduação em Matemática	2007	Proprietário de pequena empresa	Auxiliar de técnico de computadores	Agora está melhor. Antes eu arrumava antenas no alto das casas com tempo frio... menos 20 graus...
Márcia L	32	Graduação em Engenharia Civil	2008	Engenheira	Técnica de engenharia (trabalho intermitente)	Estou realizada com o trabalho aqui.
Pedro	50	Médico, cirurgião plástico	2005	Diretor de hospital e cirurgião	Desempregado	Estou deprimido. Tenho todas as certificações exigidas e não consigo arrumar emprego. Penso em voltar para o Brasil.
Márcia	48	Dentista	2005	Dentista em clínica própria	Desempregada, estudante	Eu já sei falar francês, mas preciso deste dinheiro que o governo do Quebec dá para quem estuda.

Tabela 1 – Síntese dos dados coletados

Nome	Idade	Escolaridade (no Brasil)	Ano de entrada no Quebec	Trabalho que exercia no Brasil	Atividade que desempenha no Quebec	Excerto de narrativa
Cléa	35	Graduação em Letras	2008	Professora de Ensino Fundamental e Médio de Língua Portuguesa e Inglesa	Desempregada	Eu vou fazer um curso de inglês em Montreal. Quem sabe eu consigo algo.
Marta	42	Doutorado em Educação	2007	Professora universitária	Professora de Educação Infantil	Estou cansada. Não sei se vale a pena... Eu fiz isto no começo da minha carreira no Brasil. Eu não mereço isto!
Pedro	32	Engenheiro	2007	Engenheiro	Desempregado/ estudante	Estou tentando melhorar meu francês! Sei que vou conseguir!
Fabiana	38	Doutorado em Letras	2007	Palestrante	Modelo para nu artístico (ocasional)	Fazer o que com meu doutorado aqui?
Mariana	35	Graduação em Filosofia	2006	Funcionária pública	Desempregada	Vamos ver seu eu consigo algumas aulas de filosofia por aqui...
Luana	23	Técnica em Enfermagem	2008	Estudante	Desempregada	Vou me casar com um quebequense. Estou grávida...
Marli	39	Doutorado em Ciências Humanas	2007	Pesquisadora	Tradutora espanhol/ francês junto a imigrantes sazonais	Não sei se é pra rir ou pra chorar... (referindo-se ao seu trabalho).

Apesar de a Tabela 1 apresentar uma síntese da caracterização e dos depoimentos dos participantes da pesquisa, podemos perceber que apenas Carlos, Márcia e Pedro, os três da área de Exatas que trabalham com os numerais arábicos, têm alguma realização no processo de imigração empreendido. Os profissionais ligados à área da Saúde estão desempregados, apesar de terem realizado os procedimentos legais e atendido aos pedidos realizados pelo Ministério da Educação e Lazer do Quebec para validarem seus estudos. Mesmo com estudos validados e estágios na área realizados, a inserção profissional não aconteceu por ocasião da pesquisa. E, finalmente, os imigrantes qualificados da área de Humanas encontram-se à margem do mercado profissional para o qual se prepararam no sistema escolar brasileiro e, segundo seus depoimentos, estão decepcionados, pois esperavam encontrar trabalho em atividades para as quais estão preparados e com remuneração acima da recebida nos seus respectivos estados brasileiros.

Algumas reflexões e questões

Por uma série de razões que não conhecemos, mas que poderíamos investigar, José Saramago não imigrou para o Canadá junto com os muitos portugueses que assim o fizeram e ainda fazem junto com outros falantes da língua portuguesa.

Entretanto, caso ele tivesse sido atraído pelo "canto das sereias dos mares gelados", ousamos dizer que a sua ocupação profissional, ao menos a curto e médio prazo, na região em que realizamos este estudo exploratório, não seria muito diferente daquelas exercidas pelos sujeitos que conhecemos.

Muitas seriam as possibilidades de inserção no mercado para José Saramago. Dentre as escritas na nossa tabela-síntese, ainda acrescentaríamos: abatedor de porcos; atendente de cadeias *fast-food*; cortador de árvores no Grande Norte canadense; trabalhador de lavanderia; entregador de pizzas; trabalhador da coleta de morangos, tomates ou maçãs; atendente de *dépaneur* (espécie de loja de conveniência, pequeno mercado), ou, ainda, poderia retirar a neve da frente das casas do Quebec. Falamos dessas atividades especificamente, pois presenciamos, de modo assistemático, colombianos, peruanos, dentre outros latinos, como trabalhadores nessas funções.

Questionamos: por que então ser escolarizado em língua portuguesa é um dos critérios impostos pela política de imigração canadense?

Do nosso ponto de vista e no âmbito restrito desta pesquisa, tal critério carrega consigo, uma série de outras razões; salvo, parece-nos, a importância atribuída à língua e à cultura lusófona. Vejamos:

Ao impor esse critério aos brasileiros desejosos de imigrar para o Canadá, esse país exclui da composição da sua sociedade em torno de 180 milhões de pessoas. Ou seja, o governo canadense se interessa por uma parcela da população brasileira que é uma elite: elite cultural, pessoas que tiveram acesso aos bens culturais produzidos nos mais diversos domínios da humanidade, e elite econômica, indivíduos saídos da classe média ou classe média alta, pois conseguiram ultrapassar os diversos gargalos do sistema educacional brasileiro, piramidal por excelência e que são consumidores (cf. Bauman, 2001, 1998).

Ao recrutar essa elite por meio de palestras sobre o Canadá em território brasileiro, oferecimento de bolsas de estudos, estágios, dentre outros atrativos, o citado país da América do Norte atrai o grupo mais preparado em termos de recursos humanos brasileiros e afasta a "pobreza" da porta de entrada do país. Tal política de imigração ergue barreiras e afasta definitivamente a imagem da pobreza, que incomoda (Bauman, 2001, 1998).

Os participantes desta pesquisa, por não serem os indesejáveis "lixos humanos" (Bauman, 2001, 1998), não ameaçam a paisagem do Quebec, já que, no caso, possuem hábitos de vida que não incomodam a vizinhança quebequense. Ou seja, os participantes desta pesquisa, estando empregados ou desempregados, têm hábitos de leitura, boas maneiras à mesa, falam baixo, responsabilizam-se pelos seus filhos, falam diferentes idiomas. Em suma, sabem dizer: *Bonjour, s'il vous plaît* e *merci*.

Além disso, tendo em vista a camada socioeconômica de onde são oriundas, essas pessoas têm os sonhos de consumo ideais para o aquecimento da economia local, regional e nacional: computadores, televisão com tela plana e de plasma, carros, casa própria, dentre outros. Nessa direção, não menos importantes são aqueles referentes para mobiliar o novo lar e ainda as compras básicas para a sobrevivência de brasileiros em terra tão fria: botas e casacos para a neve; botas e casacos para a chuva; toucas, luvas e outros produtos indispensáveis para a vida no inverno em torno de -20° C. O brasileiro se esquenta e a economia, de produtos novos e usados, também se aquece junto com ele.

Ainda do ponto de vista econômico, não menos importante é o dinheiro gasto durante os três ou quatro anos em que os sujeitos desta pesquisa estão em processo de imigração para o Canadá; sem contar com o número de empregos públicos e privados que todo esse processo solicita. Citemos alguns dos gastos: com documentação; despesas com traduções juramentadas; gastos com exames médicos e laboratoriais; gastos com aulas de inglês e francês; despesas com a compra de livros didáticos, filmes, dicionários e afins para os aprendizados das línguas oficiais do Canadá; aquisição de boas malas para a esperada viagem; pagamento da mudança de objetos que não podem ir nas malas (livros, por exemplo); gasto com o transporte de animais de estimação (compra de casinhas especializadas para viajarem de avião, atestados de veterinários, vacinas etc.); pagamento das taxas para cada uma das fases do processo de imigração (envio do dossiê e análise do mesmo, entrevista, exames médicos, visto de entrada, obtenção da residência permanente); gasto com correio; compra de bilhetes aéreos, ferroviários, rodoviários (no Brasil para irem ao escritório de imigração canadense que fica em São Paulo e no exterior para chegarem às suas cidades de destino); pagamento de habitação provisória antecipado na cidade de recepção no Canadá; dentre outras despesas.

Dessa maneira, fazendo cálculos rápidos, uma família brasileira composta por dois adultos, duas crianças e um cão de porte médio gasta, antes da sua partida para o Canadá, em torno de 20 mil dólares canadenses. Em um país cujo salário mínimo — pago à grande maioria da população — é de 250 dólares canadenses por mês, não há dúvidas de que o projeto de imigrar para o Canadá é caro e só pode ser pago pela elite brasileira, conforme já mencionamos anteriormente.

De acordo com este estudo exploratório, os sujeitos desta pesquisa foram para o Canadá à procura de qualidade de vida (menos violência, mais segurança nas ruas, menos crimes etc.). Entretanto, questionamos mais uma vez: se esses brasileiros não se inserem no mercado de trabalho ou se ficam às margens dele, como podem ter qualidade de vida? Até que ponto a satisfação profissional contribui para a existência de qualidade de vida? E ainda, voltarão esses brasileiros para o Brasil assim que tiverem oportunidade? Encararão o fracasso desse projeto tão custoso? Voltarão os mais velhos — os sujeitos desta pesquisa, por exemplo — e deixarão seus filhos em terras do Hemisfério Norte?

De modo geral, podemos afirmar que para alcançar a sonhada qualidade de vida, procurada pelos sujeitos da pesquisa, um grande investimento emocional precisa ser realizado individualmente com cada um deles. Tal investimento demanda: resiliência frente aos diferentes "nãos" que recebem no caminhar da instalação, aprendizagem da língua, inserção profissional e muita "criatividade" no sentido de descobrir alternativas para a construção do seu caminho singular como imigrante. Ou seja, muito equilíbrio emocional.

Em suma, neste artigo, tivemos como objetivo refletir acerca da política de imigração canadense e levantar algumas questões instigantes e que pretendemos responder ao longo de pesquisa que estamos realizando sobre a temática. Consideramos, ainda que provisoriamente, que a imigração é de suma importância para o Canadá; entretanto, com relação aos imigrantes que lá chegam, não podemos fazer a mesma afirmação. Remetendo-nos agora a Saramago: teria esse homem deixado o legado cultural que produziu à humanidade caso tivesse sido selecionado como "imigrante qualificado" para a província do Quebec ou para o Canadá?

Referências

Bauman, Z. (1998). *O mal-estar da pós-modernidade*. Rio de Janeiro: Jorge Zahar Editor.

_____. (2001). *Modernidade líquida*. Rio de Janeiro: Jorge Zahar Editor.

Bhabha, H. (1990). The third space. Interview with Homi Bhabha. In J. Rutherford (Org.), *Identity, community, culture and difference* (pp. 207-221). London: Lawrence & Wishart.

Cormier, M. (2005). *La pédagogie en milieu minoritaire francophone: une recension des écrits*. Canada: Université de Moncton.

Santos, B. S. (2005). *A gramática do tempo: para uma nova cultura política*. Porto: Afrontamento.

Diálogos entre neurociência e educação: ampliando as possibilidades de inclusão

* * *

Izabel Hazin
Síntria Labres Lautert
Danielle Garcia

A aprendizagem pode ser definida como processo psicológico através do qual a criança adquire ou amplia os seus conhecimentos e competências com o auxílio de mediadores da cultura. Participam desse processo a dimensão sociocultural e contextual, os aspectos afetivos e a esfera corporal, notadamente a organização e o funcionamento cerebral. Esses domínios estabelecem entre si uma interação mútua, ou seja, todos influenciam e são igualmente influenciados pelos demais domínios, tornando a aprendizagem um processo complexo, dinâmico e contextualizado. Sendo assim, o comprometimento de algum desses domínios pode promover uma organização psicofisiológica qualitativamente diferente daquela esperada para uma determinada faixa etária e escolaridade, trazendo consequências para os demais domínios e resultando em uma aprendizagem deficitária.

Nesse sentido, conhecer a organização do cérebro, suas funções, os períodos críticos para aquisição de habilidades específicas, as potencialidades e limitações do sistema nervoso, as dificuldades de aprendizagem e as intervenções apropriadas para cada uma delas pode tornar o trabalho do educador mais significativo, autônomo, criativo e eficiente, com repercussões positivas e diretas para as crianças que aprendem (Guerra, Pereira, Alves,

Rocha & Soares, 2005). Isto posto, o objetivo do presente capítulo é oferecer subsídios para os educadores sobre os fundamentos neurocientíficos do processo de aprendizagem, possibilitando aproximações entre os campos da educação e das neurociências, estimulando a proposição de práticas pedagógicas que promovam a aprendizagem com significado, respeitando as diferenças, auxiliando na superação das adversidades e oferecendo às crianças terreno fértil para o pleno desenvolvimento de suas potencialidades.

Desenvolvimento e organização do sistema nervoso humano

As neurociências têm como objeto de investigação o sistema nervoso a partir de distintos níveis de análise, desde as suas dimensões micro (moléculas) até atingir as dimensões macro (comportamento). O sistema nervoso é um sistema integrativo, estruturado através da participação e interação entre os seus diferentes elementos (Lent, 2008). Estruturado a partir de uma célula-ovo que se modifica durante a fase intrauterina, adquire uma falsa estabilidade após o nascimento, na infância e vida adulta, mas na verdade encontra-se em constante processo de mudança microestrutural, que promove sua lenta degeneração, culminando com a morte (Lent, 2004). Para compreender a organização e o funcionamento do cérebro é necessário considerar as diversas etapas do neurodesenvolvimento.

Segundo Lent (2008), o desenvolvimento do sistema nervoso humano tem início na terceira semana embrionária, quando podem ser identificadas três camadas germinativas: ectoderma, mesoderma e endoderma. Essa última camada, parcialmente transformada em neuroectoderma sob influência molecular do mesoderma, originará as estruturas nervosas. O ectoderma passa a apresentar um leve espessamento, formando a placa neural. Posteriormente, esta se dobra em torno de um sulco central, denominado sulco neural, aproximando gradativamente suas bordas e culminando em uma fusão que dará origem ao tubo neural, estrutura mais precoce do sistema nervoso.

O tubo neural se expande e se diferencia em três estruturas: o rombencéfalo, que formará a medula, a ponte e o cerebelo; o mesencéfalo, estrutura que mantém a nomenclatura e realiza a ligação entre o terceiro e o quarto ventrículo; e o prosencéfalo, cuja parte posterior formará o diencéfalo e a parte anterior originará o telencéfalo, que constituirá os hemisférios cerebrais (Hazin et al., no prelo). Essas modificações anatômicas não alteram somente sua morfologia, mas têm também implicações funcionais; diferentes porções do sistema nervoso passam a apresentar características próprias, conferindo-lhes funções específicas.

Ao longo desses estágios maturacionais, o cérebro passa por cinco estágios básicos de desenvolvimento: gênese das células nervosas, migração, diferenciação morfofuncional e busca de alvos para estabelecimento de conexões, os chamados estágios aditivos/progressivos, e a morte neuronal programada ou apoptose, marcada pela perda de aproximadamente 90% dos neurônios produzidos nas etapas progressivas, denominados estágios substrativos/regressivos (Lent, 2008; Pinheiro, 2007).

Salienta-se que essas etapas são sobrepostas ao longo do desenvolvimento, ocorrendo em ritmos diferentes na formação das distintas regiões do sistema nervoso. Os estágios regressivos são particularmente importantes, uma vez que delimitam a preservação de neurônios e conexões sinápticas funcionalmente ativas e envolvidas na sofisticação gradativa dos processos cognitivos vigentes ao longo do desenvolvimento. À seleção adaptativa e funcional das conexões sinápticas, segue-se a mielogênese[1], que consiste no revestimento dos axônios pela bainha de mielina, que dotará as conexões de maior velocidade na condução dos impulsos. Assim, à medida que vai se desenvolvendo, o cérebro vai orquestrando uma paulatina sofisticação de suas conexões, tornando-se apto a aprender e funcionar de modo mais eficiente (Pinheiro, 2007; Miranda & Muszkat, 2004; Johnston, 2003; Stahl, 2002). Luria (1981) propõe uma nova organização das funções cognitivas superiores, que pode ser subdividida em três unidades.

---

[1] Seu início ocorre aproximadamente no quarto mês de gestação e se conclui apenas na idade adulta, quando do desenvolvimento e consolidação das áreas de associação terciárias (Guerra, 2008; Moore, 2005).

Conforme Muszkat (2008), a primeira unidade funcional está intimamente relacionada ao Sistema Límbico, e tem como finalidade a regulação do tônus cortical e de vigília. É a unidade que, numa cascata de conexões ascendentes, prepara o tônus cortical de modo a torná-lo ativo em um nível ótimo para o desempenho das diversas funções cognitivas. Suas estruturas encontram-se localizadas em regiões subcorticais e suas funções são desempenhadas principalmente pela Formação Reticular, rede nervosa composta por axônios curtos capazes de modular gradualmente a excitabilidade de seus impulsos, propagando-os de forma vertical e ascendente ao córtex cerebral. A segunda unidade funcional realiza a recepção, análise e armazenamento das informações que chegam ao cérebro, atuando desde a recepção dos estímulos pelos receptores periféricos até o cérebro, na análise de seus componentes e em sua síntese em sistemas funcionais complexos. Suas estruturas localizam-se nas porções posteriores da superfície dos hemisférios cerebrais, englobando o córtex occipital, temporal e parietal. A terceira unidade funcional tem como atribuições a programação, regulação e verificação da atividade mental e localiza-se nas regiões anteriores do cérebro, no lobo frontal. É composta pelos córtices motor, pré-motor e pré-frontal, estruturas que possuem um vasto sistema de conexões com estruturas corticais e subcorticais.

Para Ciasca, Guimarães e Tabaquim (2006), a comunicação privilegiada das estruturas frontais com as demais áreas do SNC justifica o papel central desempenhado por essa unidade no que tange à organização do comportamento, notadamente através da planificação, programação, intenção, síntese, execução, verificação e sequenciamento das funções e habilidades cognitivas.

Luria propõe cinco estágios sucessivos de desenvolvimento no processo de maturação cerebral, resultantes dos processos de mielinização e adensamento neuronal:

- Primeiro estágio: corresponde ao desenvolvimento das capacidades de alerta e focalização atencional, relacionado à formação reticular, região subcortical localizada no bulbo raquidiano;

- Segundo estágio: caracteriza-se pela coordenação progressiva entre áreas motoras e sensoriais primárias e secundárias do cérebro, a qual caracteriza o surgimento da inteligência sensório-motora. Essa maturação envolve primeiramente o córtex motor (frontal posterior) e sequencialmente as três áreas sensoriais primárias: as áreas parietais (somestésicas); occipitais (visuais) e, posteriormente, as áreas visuais;

- Terceiro estágio: emerge após o desenvolvimento das áreas sensoriais e motoras secundárias, que vão ampliando gradativamente a sua capacidade de tratamento das informações oriundas de regiões subcorticais e áreas primárias adjacentes. A maturação dessas áreas resulta na sofisticação gradual das percepções e possibilita o armazenamento destas na memória. Nesse estágio também ocorre a lateralização progressiva das funções de linguagem no hemisfério esquerdo, a qual habilita a criança a significar suas experiências. Além disso, a maturação da área motora secundária (córtex pré-motor) é efetuada, permitindo a sua integração com áreas sensoriais e a organização e produção de sequências motoras complexas, como as produções fonológicas. Esse estágio corresponde àquele que Piaget denominou *pré-operatório*, caracterizado pela emergência do pensamento simbólico e representacional;

- Quarto estágio: esse estágio caracteriza-se pela maturação das áreas terciárias relacionadas aos lobos parietal, temporal e occipital. O enriquecimento e a diversificação dos circuitos neuronais entre os três lobos torna possível a integração intermodal (auditiva, visual e somestésica), responsáveis pelo que Piaget denominou *operações concretas*;

- Quinto estágio: caracteriza-se pela emergência do pensamento formal, resultante da progressiva maturação das áreas pré-frontais, fortemente relacionadas nos processos de pensamento hipotético-dedutivo e na autorregulação dos comportamentos.

Cada zona e unidade funcional cerebral se desenvolvem segundo ritmo próprio, cujo regimento depende intimamente da interação entre múltiplos fatores; além dos processos maturacionais, destaca-se a flexibilidade do cérebro em reorganizar os diversos padrões de resposta a partir da experiência ou diante de lesões cerebrais, podendo resultar em desvios e mudanças de rota fundamentais durante o curso de maturação do sistema nervoso.

Portanto, o desenvolvimento neuropsicológico ocorre por meio da interação dinâmica e contínua dos processos de maturação cerebral, das experiências sociais, históricas, culturais e ambientais. Durante a maturação cerebral – processo que se estende ao longo de toda a vida do sujeito —, a estrutura das atividades passa por modificações significativas a partir das transformações anatômicas, fisiológicas e neuroquímicas das unidades funcionais do sistema nervoso (Muszkat, 2008; Miranda & Muszkat, 2004).

Portanto, enquanto processo complexo, o desenvolvimento da criança deve ser compreendido no seio das práticas culturais (Hazin et al., no prelo). Os fatores socioculturais estruturam a atividade mental, fazendo emergir novos e fundamentais vínculos ao funcionamento cognitivo humano. A cultura altera diferente e dinamicamente o desenvolvimento do cérebro, sendo este uma variável dependente que reflete ou é influenciada por fatores socioculturais e ambientais (Miranda & Muzskat, 2004).

Assim, da mesma forma que o desenvolvimento e a aprendizagem não podem prescindir da integridade funcional do cérebro e de suas múltiplas atividades complexas, estas necessitam da flexibilidade adaptativa para remodelar os padrões de conexão segundo as solicitações e desafios complexos impostos pelo meio, sendo essa propriedade cerebral denominada *plasticidade neural* (Muzskat, 2006).

A plasticidade neural pode ser definida como a propriedade do sistema nervoso de alterar a sua função ou sua estrutura em resposta às influências ambientais com as quais se defronta (Lent, 2008). Pode atuar em qualquer fase da ontogenia, por meio da reorganização e do empreendimento de mudanças adaptativas em sua estrutura e funcionamento, num processo que, como o próprio desenvolvimento, deve ser compreendido a partir de uma perspectiva maturacional – dado que ao longo do desenvolvimento podem ser verificadas diferentes expressões do potencial de modificabilidade do cérebro (Muszkat, 2008; 2006).

A perspectiva maturacional do fenômeno da plasticidade caracteriza-se por marcadores temporais denominados *períodos críticos*. Os períodos críticos correspondem ao momento ideal para o desenvolvimento de habilidades cognitivas, acadêmicas e não acadêmicas. A duração e o período crítico de maior expressão da neuroplasticidade relaciona-se a múltiplos fatores, dentre os quais se destaca como fator determinante a superprodução de sinapses durante o desenvolvimento cortical, notadamente na passagem da infância para a adolescência, num processo que ocorre de maneira distinta nas várias áreas cerebrais. Para Muszkat (2008), a plasticidade neural é um fenômeno que pode ser compreendido a partir de três dimensões: (i) um processo dinâmico, delimitando ao longo do desenvolvimento as diversas relações entre estrutura e função; (ii) uma resposta adaptativa, uma vez que é constantemente impulsionada por solicitações do meio interno ou externo; (iii) uma estrutura organizacional intrínseca do cérebro, atuante durante toda a vida, em diferentes graus. Além disso, conforme esse autor, a plasticidade opera em vários níveis, a saber: (i) nível neuroquímico, relativo à modificação em neurotransmissores e neuromoduladores ao longo do desenvolvimento; (ii) nível hedológico, envolvendo diferentes padrões de conexão entre os neurônios e o número de sinapses ativas; (iii) nível comportamental, modificando estratégias cognitivas de acordo com os desafios ambientais.

Ao mesmo tempo que a plasticidade neural é uma propriedade intrínseca ao sistema nervoso, ela também consiste em uma ferramenta estruturante da aprendizagem e da reabilitação cognitiva. Diversos estudos vêm comprovando que a estimulação ambiental é capaz de promover mudanças anatômicas, bioquímicas e funcionais no cérebro, o que ressalta a importância da casa e da escola como espaços de desenvolvimento, de reabilitação e de inclusão.

Concepção neurocientífica da aprendizagem

Para que se compreenda a concepção neurocientífica de aprendizagem, torna-se necessário refletir a partir do componente básico da transmissão de energia eletroquímica no cérebro, o neurônio. O cérebro humano possui aproximadamente 100 bilhões de neurônios, e estes podem gerar milhares de conexões a partir de suas combinações, o que permite um grande fluxo de componentes eletroquímicos em diferentes direções simultaneamente (Lent, 2004; Bear, Connors & Paradiso, 2002; Kandel, Schwartz & Jessel, 1997). Em determinados momentos há a transmissão de energia eletroquímica entre os neurônios — as sinapses — que produz a ativação de diferentes áreas cerebrais. Assim, a aprendizagem seria resultante do aumento no número de novas sinapses — que acontece privilegiadamente em cérebros jovens ou da alteração da estrutura de sinapses já existentes, através do fortalecimento ou do enfraquecimento das mesmas.

Aprender, portanto, para essa perspectiva, implica uma reorganização do funcionamento sináptico. O processo de aprendizagem alude em integridades básicas e indispensáveis para que a criança possa aprender, caracterizadas por três níveis: (i) os fatores psicodinâmicos envolvidos no processo de internalização e construção de significado para o que foi observado e experienciado; (ii) as funções do sistema nervoso periférico responsáveis pelos sistemas sensoriais que captam os estímulos internos e externos; (iii) as funções do sistema nervoso central responsáveis pela elaboração e construção de sentido para os estímulos recebidos pelos sistemas sensoriais, seu armazenamento e a sua recuperação (Ciasca, 2006).

Segundo Bartoszeck (2005) e Rushton, Eitelgeorge e Zickafoose (2003), existem alguns princípios da neurociência que devem ser considerados pelos educadores com potencial aplicação no ambiente de sala de aula, a saber:

(i) Aprendizagem, memória e emoções ficam interligadas quando ativadas pelo processo de aprendizagem. Como a aprendizagem é uma atividade social, os alunos precisam de oportunidades para discutir tópicos. Ambiente tranquilo encoraja o estudante a expor seus sentimentos e ideias;

(ii) O cérebro se modifica aos poucos fisiológica e estruturalmente como resultado da experiência. Aulas práticas/exercícios físicos com envolvimento ativo dos participantes fazem associações entre experiências prévias com o entendimento atual;

(iii) O cérebro mostra períodos ótimos (períodos sensíveis) para certos tipos de aprendizagem, que não se esgotam mesmo na idade adulta. Ajuste de expectativas e padrões de desempenho às características etárias específicas dos alunos, uso de unidades temáticas integradoras contribui para o aprendizado;

(iv) O cérebro mostra plasticidade neuronal (sinaptogênese), mas maior densidade sináptica não prevê maior capacidade generalizada de aprender. Estudantes precisam sentir-se "detentores" das atividades e temas que são relevantes para suas vidas. Atividades pré-selecionadas com possibilidade de escolha das tarefas aumentam a responsabilidade do aluno no seu aprendizado;

(v) Inúmeras áreas do córtex cerebral são simultaneamente ativadas no transcurso de nova experiência de aprendizagem. Situações que reflitam o contexto da vida real, de forma que a informação nova se "ancore" na compreensão anterior;

(vi) O cérebro foi evolutivamente concebido para perceber e gerar padrões quando testa hipóteses. Promover situações em que se aceite tentativas e aproximações ao gerar hipóteses e apresentação de evidências. Uso de resolução de "casos" e simulações;

(vii) O cérebro responde, devido a herança primitiva, às gravuras, imagens e símbolos. Propiciar ocasiões para os alunos expressarem o conhecimento através das artes visuais, música e dramatizações.

O desenvolvimento cognitivo e a aprendizagem, como afirmado anteriormente, requerem a integridade funcional do cérebro da mesma forma em que não podem prescindir da modulação de seus padrões de conexão mediante os desafios do meio sociocultural. Embora o genoma humano delimite os percursos maturacionais essenciais ao desenvolvimento do sistema nervoso, a herança genética não determina por completo a estruturação do funcionamento cognitivo complexo. Isto posto, podemos afirmar que a aprendizagem e o desenvolvimento são resultantes do contexto sócio-histórico-cultural e da maturação do sistema nervoso em constante processo interativo. No entanto, o que acontece quando uma criança não consegue aprender? Como definir uma dificuldade de aprendizagem? Na seção seguinte serão abordados os principais transtornos de aprendizagem decorrentes de lesões e/ou disfunções neurológicas.

Principais transtornos de aprendizagem decorrentes de alterações neuropsicológicas nas unidades funcionais

Estima-se que a prevalência de distúrbios de aprendizagem associada a problemas neurológicos ou de neurodesenvolvimento corresponde a aproximadamente de 10% a 15% do universo de crianças em idade escolar. Inicialmente é necessário fazer uma distinção entre o que se denomina dificuldades de aprendizagem e transtornos de aprendizagem.

As dificuldades de aprendizagem são mais frequentes, geralmente passageiras e resultantes de causas multifatoriais. Os transtornos de aprendizagem comumente são permanentes, acompanharão a criança ao longo de toda sua vida escolar, e trarão repercussões para sua vida adulta. Excetuam-se aqui as crianças que apresentam transtornos de aprendizagem decorrentes de déficits intelectivos. Na maioria das vezes os transtornos de aprendizagem estão associados a condições neurológicas subjacentes (por exemplo: epilepsia), a condições neurológicas adquiridas (por exemplo: traumatismo craniano) ou a problemas de neurodesenvolvimento, muitas vezes não identificados pelas técnicas de diagnósticos atualmente disponíveis (Lussier & Flessas, 2009).

O Manual Diagnóstico e Estatístico de Transtornos Mentais propõe os seguintes critérios para o diagnóstico dos transtornos de aprendizagem: (i) o rendimento na leitura, cálculo ou expressão é substancialmente inferior ao esperado pela idade, escolarização e nível de inteligência, avaliado através de provas normativas; (ii) os problemas de aprendizagem interferem significativamente no rendimento acadêmico ou nas atividades da vida cotidiana que requerem leitura, cálculo ou escrita; (iii) os transtornos de aprendizagem devem ser diferenciados das variações no rendimento escolar ou de dificuldades devidas à falta de oportunidades educativas, escolarização ou métodos pedagógicos deficientes ou fatores culturais. Se houver presença de déficits auditivos, visuais, retardo mental, transtorno generalizado do desenvolvimento ou transtorno de comunicação, diagnostica-se transtorno de aprendizagem se o rendimento acadêmico é significativamente inferior ao que se espera, segundo o transtorno apresentado pelo indivíduo (Azambuja, 2007).

Os Transtornos de Aprendizagem (TA) classificam-se em: Transtorno de Leitura (TL); Transtorno de Cálculo (TC); Transtorno de Escrita e Transtorno de Aprendizado não específico.

Um transtorno de aprendizagem pode manifestar-se academicamente nas áreas da decodificação ou identificação de palavras, na compreensão da leitura, no cálculo ou no raciocínio matemático e na expressão escrita (Silver et al., 2008). Podem ser diferenciadas as Dificuldades de Aprendizagem Verbal (DAV) e as Dificuldades de Aprendizagem Não Verbal (DANV). A DAV corresponde às dificuldades na aquisição dos processos simbólicos de leitura e escrita, dentre as quais se destaca a dislexia. As DANV caracterizam-se por déficits significativos na percepção, memória visual e tátil, praxias, cálculos, habilidades psicomotoras complexas, atenção, funções executivas e linguagem — em seus aspectos semânticos e pragmáticos. Dentre as DANV, destaca-se a discalculia, marcada por dificuldades nas habilidades matemáticas básicas e raciocínio. As DANV são largamente associadas a danos neurológicos, como traumatismo cranioencefálico (TCE), hidrocefalia e lesões no hemisfério direito. Crianças com DANV apresentam maiores dificuldades no raciocínio não verbal, memória de trabalho, no uso e testagem de hipóteses e automonitoramento (Oliveira, Rodrigues & Fonseca, 2009). A seguir serão descritos os principais transtornos de aprendizagem relacionados à leitura, escrita e ao cálculo.

Transtornos da linguagem

A linguagem é um processo psicológico superior, que na espécie humana apresenta uma característica que vai além da comunicação com os outros (igualmente presente em várias espécies de animais), a saber, a generalização, ou seja, a capacidade de construir conceitos e a possibilidade de, através destes, compreender e expressar conhecimentos, emoções e intenções. Na espécie humana, a linguagem possui íntima relação com os atos do pensamento, sendo esta relação o seu valor evolutivo distintivo. As funções linguísticas têm ontogênese e filogênese próprias, revestindo-se de várias formas de expressão e manifestando-se em múltiplos contextos (Castro-Caldas, 2004).

Para Mello e Muszkat (2008), a aquisição da linguagem delimita um marco de extrema relevância no curso do desenvolvimento cognitivo, pois a utilização da linguagem representa a interação entre todos os aspectos do desenvolvimento físico, cognitivo, emocional e social da criança. Na medida em que se segue o curso maturacional das estruturas cerebrais responsáveis pela produção de sons, pela discriminação auditiva e pelo controle fonatório da fala, a atividade mental vai adquirindo maior complexidade na associação de significados e contextos, num processo que culmina na estruturação e sofisticação fundamental ao funcionamento cognitivo. Para esses autores o processo de desenvolvimento da linguagem envolve a evolução de quatro sistemas interdependentes: (i) o sistema fonológico: relacionado à percepção e à produção de sons para formar palavras; (ii) o sistema semântico: responsável pela atribuição de significados às palavras; (iii) o sistema pragmático: relacionado ao uso comunicativo da linguagem em um contexto social; (iv) o sistema gramatical ou morfológico: que consiste nas regras sintáticas que regem a combinação das palavras em sentenças. O desenvolvimento da linguagem se dá segundo o curso maturacional e de mielinização cerebral em um gradiente póstero-anterior. Assim, reconhece-se que as funções receptivas e semânticas da linguagem se desenvolvem mais precocemente que as funções morfossintáticas, dependentes da maturação das regiões anteriores, notadamente do lobo frontal.

A linguagem pode ser dividida em dois componentes: a recepção e a expressão. A linguagem é composta de sons, fonemas, morfemas (partes que compõem uma palavra), sintaxe (gramática), semântica (significado das palavras) e prosódia (ritmo e entonação da fala). Os transtornos da linguagem podem ser classificados em dois grandes grupos: os transtornos da linguagem oral e os transtornos da linguagem escrita, salientando-se que há uma continuidade entre os domínios, de forma que uma criança que troca letras quando fala pode vir a apresentar essa mesma dificuldade na escrita de um texto.

De acordo com Rotta e Pedroso (2006), ao abordarem-se os transtornos da linguagem, faz-se necessário investigar, além do transtorno específico da linguagem oral (disfasias), as alterações da fonação (disfonias), da articulação das palavras (disartrias e dislalias), os distúrbios do ritmo, a gagueira e o retardo no desenvolvimento da fala. Entretanto, como o foco deste texto é a aprendizagem escolar, optou-se por uma ênfase maior nos transtornos da linguagem escrita, já que o domínio da linguagem oral está mais associado à fonoaudiologia, e comumente não representa em si mesmo um obstáculo à aprendizagem formal.

A abordagem dos transtornos da linguagem escrita exige inicialmente uma definição de leitura, que pode ser compreendida como o processo de interpretação de qualquer sinal que, ao chegar aos órgãos dos sentidos, permita que a criança seja remetida a outra situação. Sendo assim, quando um leitor depara-se com um conjunto de letras que forma uma palavra, imediatamente ele evoca um conceito já armazenado ou constrói um novo conceito para um objeto ou situação ainda desconhecidos. Dessa forma, a leitura pode ser descrita como uma atividade complexa diretamente envolvida com a aprendizagem, mobilizando outras funções, tais como atenção e memória.

A aprendizagem da leitura requer funções perceptivas e mnemônicas, consciência fonológica (decomposição das palavras em seus sons constituintes), a ligação da forma escrita com a forma falada da linguagem, aprendizagem de regras, a elaboração de inferências linguísticas. O processo de leitura competente envolve fluência e automatismo (precisão e rapidez) no reconhecimento de palavras e na compreensão do material lido (Salles, Parente, & Machado, 2004). No momento em que uma criança lê uma palavra ela pode acionar, individual ou simultaneamente, duas rotas distintas: (i) rota lexical/visual, utilizada principalmente por leitores proficientes, na leitura de palavras familiares que foram armazenadas em um léxico de entrada visual através da experiência de leitura e/ou; (ii) rota fonológica, que utiliza o processo de conversão grafema-fonema, promovendo a pronúncia precisa de palavras regulares em termos de correspondência letra-som. Essa rota é utilizada principalmente na leitura de palavras pouco frequentes, nas quais há a necessidade da fragmentação da palavra em sílabas e a associação destas aos seus respectivos sons. No leitor hábil, as duas rotas intervêm paralelamente no processo de leitura, contudo, salienta-se que ao longo da experiência de leitura a rota lexical passa a ter papel crucial para a aquisição de competência em leitura (Salles et al., 2004).

O DSM-IV define o distúrbio de leitura (dislexia) a partir de parâmetros como velocidade, precisão e compreensão de leitura. O diagnóstico de um distúrbio de leitura é dado pelos seguintes critérios, a saber: (i) presença de rendimento abaixo do esperado no domínio da leitura, em função da idade cronológica, do coeficiente de inteligência e da escolaridade; (ii) a alteração da leitura interfere significativamente no rendimento acadêmico ou nas atividades da vida cotidiana; e (iii) na presença de um déficit sensorial, as dificuldades de leitura excedem aquelas habitualmente a ele associadas. Na criança com distúrbio de leitura, a leitura oral apresenta distorções, substituições ou omissões e lentidão (Jurado, 2006; Salles, Parente & Machado, 2004).

Um déficit muito acentuado apenas na rota fonológica denomina-se dislexia auditiva, disfonética ou fonológica, caracterizada pela grave incapacidade de decodificação fonológica, expressa por desempenho abaixo do esperado na leitura de palavras não familiares e pseudopalavras, em tarefas de memória fonológica de curto prazo e de consciência fonológica. Por sua vez, um déficit muito acentuado apenas na rota lexical denomina-se dislexia visual, diseidética ou "de superfície", caracterizada pela incapacidade do tratamento ortográfico da informação, expressa em dificuldades na leitura de palavras irregulares. Quando há um déficit muito acentuado nas duas rotas denomina-se dislexia mista, expressa em déficits tanto na decodificação fonológica quanto no processo ortográfico (Salles, Parente & Machado, 2004).

A maioria dos problemas de leitura não está associada a déficits de discriminação visual. Para Jurado (2006), a criança com dislexia apresenta dificuldades na aprendizagem das estruturas da linguagem, a saber, na extração de significado a partir do padrão visual (leitura) ou do padrão auditivo das palavras e frases. Assim, dificuldades em decodificar e analisar fonemas dentro de palavras (consciência fonológica) são os principais indicadores de dificuldades de aprendizagem da leitura. Salles, Parente & Machado (2004) apontam também diversos déficits nas crianças com dificuldades específicas de leitura, a saber: (i) dificuldades no reconhecimento de palavras escritas; (ii) falhas no processamento fonológico da linguagem (consciência fonológica e memória imediata verbal); e (iii) lentidão no acesso à informação fonológica nos subsistemas de memória de longo prazo.

Segundo Rotta e Pedroso (2006), a criança com dislexia apresenta dificuldades na leitura e alguns sinais podem ser observados na sua produção escrita: (i) confusão de letras com orientação espacial diferentes (p/q; b/d); (ii) confusão de letras com sons semelhantes (b/p; d/t; g/j); (iii) inversões de sílabas ou palavras (par/pra); (iv) substituições de palavras com estrutura semelhante (contribuiu/construiu); (v) supressão ou adição de letras e sílabas (caalo/cavalo; berla/bela); (vi) repetição de sílabas ou palavras (eu jogo jogo bola/ bolo de chococolate); (vii) fragmentação incorreta (querojo garbola); (viii) dificuldade para entender o texto lido. Os tipos de erros cometidos pelos disléxicos, bem como a alta incidência de canhotos com dislexia, têm sugerido que a dislexia poderia envolver deficiência na dominância pelo hemisfério esquerdo, como anormalidades citoarquitetônicas importantes no lobo temporal esquerdo (Kandel, Schwartz & Jessel, 1997).

Contudo, uma vez inserida em um sistema funcional complexo, a linguagem é uma função cognitiva plástica, suscetível a mediação de diferentes instrumentos socioculturais capazes de reorganizá-la, conformando novos percursos a tarefas de leitura e escrita. Intervenções educacionais específicas, como a introdução de novos métodos de alfabetização, poderão minimizar o impacto acadêmico-social da dislexia sobre a criança, fazendo-a compensar as suas dificuldades positivamente.

De acordo com Capovila (2002), para indivíduos disléxicos, são recomendados dois métodos de alfabetização: o método multissensorial e o método fônico. O método multissensorial é mais indicado para crianças mais velhas, que já possuem histórico de dificuldades acadêmicas significativas. Esse método combina distintas modalidades sensoriais (auditiva, visual e cinestésica) no ensino da linguagem escrita, estabelecendo conexões importantes entre aspectos visuais (a forma ortográfica da palavra), auditivos (a expressão fonológica) e cinestésicos (movimentos necessários à reprodução da palavra por escrito). O método fônico, por sua vez, é indicado para crianças mais jovens, devendo ser introduzido no início da alfabetização. Esse método possui dois objetivos principais: desenvolver na criança habilidades metafonológicas e ensiná-las a correspondência grafema-fonema, visto que as crianças disléxicas têm dificuldade em discriminar, segmentar e manipular, de forma consciente, os sons da fala. Para o autor, o método fônico introduz atividades explícitas e sistemáticas de consciência fonológica, durante ou mesmo antes da alfabetização e que os efeitos da intervenção são modulados pela idade da criança quando submetida; quanto maior o tempo de convivência com a dificuldade de leitura e escrita, menores serão os efeitos das intervenções.

Transtornos do cálculo

Apesar da reconhecida importância da matemática nas atividades escolares e extraescolares dos sujeitos, é grande a escassez de estudos neurocientíficos no terreno das habilidades matemáticas. Na perspectiva de Grafman e Boller (1989), as desordens relacionadas ao cálculo não têm o mesmo "charme" dos casos que apresentam um comprometimento da linguagem e da memória. Tal escassez justifica-se pelo fato de as desordens cognitivas associadas aos déficits nas habilidades matemáticas estarem sendo comumente trabalhadas como aspectos relacionados à mente, mais do que ao cérebro. Por outro lado existem estudos como o de Shalev e Gross-Tsur (2001) que defendem que dificuldades de aprendizagem da matemática podem vir a ser expressões de uma disfunção cerebral.

De forma geral, as dificuldades relacionadas à atividade matemática são denominadas de discalculia. De acordo com o DSM IV (APA, 2000), a discalculia do desenvolvimento é caracterizada por comprometimento na habilidade matemática, avaliada através de testes padronizados ou de tarefas que avaliem o raciocínio numérico, considerando a idade, o nível de escolaridade e a inteligência do avaliando. Tal distúrbio deve interferir significativamente nas atividades acadêmicas ou cotidianas que requeiram a habilidade matemática. Importante salientar que o diagnóstico de discalculia só é dado na ausência de déficits sensoriais. Segundo a DSM IV (APA, 2000), o Transtorno da Matemática caracteriza-se por: (i) a capacidade matemática para a realização de operações aritméticas, cálculo e raciocínio matemático, encontra-se substancialmente inferior à média esperada para a idade cronológica, capacidade intelectual e nível de escolaridade do indivíduo; (ii) as dificuldades da capacidade matemática apresentadas pelo indivíduo trazem prejuízos significativos em tarefas da vida diária que exigem tal habilidade; (iii) em caso de presença de algum déficit sensorial, as dificuldades matemáticas excedem aquelas geralmente a este associadas; (iv) diversas habilidades podem estar prejudicadas nesse Transtorno, como as habilidades linguísticas (compreensão e nomeação de termos, operações ou conceitos matemáticos e transposição de problemas escritos em símbolos matemáticos), perceptuais (reconhecimento de símbolos numéricos ou aritméticos, ou agrupamento de objetos em conjuntos), de atenção (copiar números ou cifras, observar sinais de operação), e matemáticas (dar sequência a etapas matemáticas, contar objetos e aprender tabuadas de multiplicação).

Quando o comprometimento da habilidade matemática é resultante de um trauma cerebral, ou acompanha alguma disfunção, passa a ser denominado de acalculia ou discalculia adquirida, em contraponto à discalculia do desenvolvimento, assim denominada por não ser encontrado um substrato neurológico que a evidencie. Vale salientar que não são todas as crianças que têm dificuldades em matemática que podem ser diagnosticadas como tendo discalculia. Munro (2003) aponta para o grande leque de aspectos, de diferentes naturezas, que podem comprometer a atividade matemática, tais como baixa autoestima, alta ansiedade, ausência de motivação para a matemática, considerados por ele como dificuldades de ordem afetiva, e as dificuldades relacionadas ao processo de ensino-aprendizagem, ou acompanharem outros déficits cognitivos, tais como desordens da linguagem ou do processamento sensorial.

As dificuldades relacionadas ao domínio matemático abarcam basicamente duas direções, a saber, a proceduralidade e a conceptualização. Aspectos procedurais relacionam-se a habilidades cognitivo-motoras responsáveis pela expressão ou aplicação do conhecimento conceitual, tais como a coordenação visomotora, necessária para a armação e execução de uma conta de somar com reserva, por exemplo. A conceptualização se refere à compreensão da base explicativa dos algoritmos, ou seja, os princípios do sistema de valor de lugar operando-se na base numérica decimal, no caso da conta acima referida. Os erros mais frequentes produzidos pelas crianças com dificuldades relacionadas à matemática são: (i) espacial: apresenta dificuldades em colocar números em colunas, seguindo a direção correta do procedimento; (ii) processual: realiza omissão ou adição de um passo do procedimento aritmético e aplica uma regra aprendida de um procedimento para outro procedimento; (iii) julgamento: realiza erros que implicam resultados impossíveis quando examina-se o enunciado; (iv) memória: apresenta dificuldades para resolver problemas que exijam recordação (e. g. recordar tabelas de multiplicação ou as sequências de determinados procedimentos aritméticos); (v) perseveração: apresenta dificuldades em mudar de uma tarefa para outra e acaba realizando repetições, por exemplo, de um mesmo número ou de uma mesma operação.

Algumas diretrizes podem ser consideradas com o objetivo de auxiliar a criança na superação de suas dificuldades. Inicialmente é importante considerar que a aprendizagem precisa ser individualizada, de modo a apoiar-se sobre os pontos fortes que a criança apresenta, buscando-se assim criar estratégias que a auxiliem na minimização dos seus déficits. Para tanto, a cada proposição de uma tarefa é importante que o educador esteja ciente de que habilidades ele está demandando para a resolução da mesma. Outro ponto a ser considerado é a atenção que o educador deve ter para que a solicitação de determinado cálculo venha antecedida de uma contextualização e se possível articulada ao cotidiano das crianças. Além desses aspectos, deve-se considerar que no processo de aprendizagem a manipulação deve preceder a representação e a compreensão das operações deve anteceder a automação para a realização das mesmas.

A questão crucial para a compreensão da atividade matemática muitas vezes pode ser a escolha do caminho através do qual a criança irá resolver um determinado problema. Nesse caso, por exemplo, o uso de ferramentas da cultura — a calculadora — deve ser incentivado, de modo que a criança não seja penalizada por um erro de cálculo. A utilização do caderno quadriculado, também, pode ser um suporte importante. O educador deve estar atento à flexibilização do tempo e à consideração do processo de elaboração da resposta de um determinado problema, mais do que ao resultado bruto obtido ao fim de sua resolução. Para tal as atividades construídas devem ser claras e diretas.

Por fim, defende-se aqui a premissa que a atividade matemática é um tipo de ação produzida por uma mente corporificada (Lakoff & Núñez, 2000), ou seja, há uma continuidade entre as experiências corporais e o pensamento. A cerebralidade é corresponsável por funções humanas essenciais, inclusive para a atividade matemática, tais como a visão, o movimento, o raciocínio e as emoções. Sendo assim, a organização e o funcionamento cerebrais têm repercussão sobre a atividade matemática tanto em termos negativos (dificuldades) como positivos (facilitação, precocidade) no que diz respeito à emergência de habilidades e competências relacionadas à aprendizagem da matemática.

Considerações finais

Apesar da expressiva incidência dos transtornos de aprendizagem associados a lesões e/ou disfunções neurológicas, observa-se que ainda há uma grande lacuna entre as áreas das neurociências e da educação. O conhecimento produzido sobre a organização e o funcionamento cerebral não vem sendo efetivamente aplicado à área da educação, o que faz com que diversos quadros de distúrbios de aprendizagem associados a alterações neurológicas que promovem déficits cognitivos importantes sejam ainda desconhecidos. Em geral, os distúrbios e problemas de aprendizagem são associados à falta de interesse e desleixo, o que termina rebaixando a autoestima do aluno e comprometendo sua aprendizagem e desenvolvimento do seu potencial. Tal realidade comumente culmina na segregação e no preconceito frente aos problemas decorrentes dos distúrbios de aprendizagem, privando a criança do prazer de aprender.

Buscou-se discutir aqui como lesões e/ou disfunções neurológicas alteram o funcionamento cognitivo da criança, o que por sua vez pode levar a um perfil de dificuldade na aprendizagem, exigindo adaptações que promovam a inclusão social e educacional dessa criança. A educação especial e a inclusão são hoje uma necessidade e um desafio para os domínios da educação e da saúde. Ambos têm um papel conjunto decisivo na detecção de formas atípicas de aprendizagem, bem como na proposição de alternativas que auxiliem na superação e/ou minimização das mesmas (Hazin, 2006).

Cabe às escolas e à sociedade como um todo oferecerem respostas adaptadas às necessidades de seus alunos, rompendo com padrões rígidos e contemplando a plasticidade do funcionamento humano, pois as crianças com necessidades especiais são, como todas as demais crianças, resultado de uma complexa teia que envolve aspectos corporais/cerebrais, contextuais, sócio-histórico-culturais e afetivos e devem ser vistas como variações qualitativas e não aberrações do modelo humano.

Referências

American Psychiatric Association (2000). *Diagnostic and statistical manual of mental disorders: DSM-IV.* Washington, DC: American Psychiatric Association.

Azambuja, D. (2007) Reabilitação dos distúrbios de aprendizagem na adolescência e suas relações com a linguagem. In A. L. Sennyey, L. I. Z. de Mendonça, B. B. G. Schlecht, E. F. dos Santos, & E. C. de Macedo (Orgs.), *Neuropsicologia e inclusão: tecnologias em (re)habilitação cognitiva* (pp. 261-267). Porto Alegre: Artes Médicas.

Bartoszeck, A. (2005). Neurociência na Educação. *Revista das Faculdades Integradas Espírita,* 1, 1-6.

Bear, M. F., Connors, B. W., & Paradiso, M. A. (2002). *Neurociências: desvendando o sistema nervoso.* Porto Alegre: ArtMed.

Capovila, A. G. S. (2002). Compreendendo a dislexia: definição, avaliação e intervenção. *Cadernos de Psicopedagogia, 1*(2), 36-59.

Castro-Caldas, A. (2004). Neuropsicologia da linguagem. In V. M. Andrade, F. H. dos Santos, & O. F. A. Bueno (Orgs.), *Neuropsicologia Hoje* (pp. 165-208). São Paulo: Artes Médicas.

Ciasca, S. (2006). Distúrbios de aprendizagem: processos de avaliação e intervenção. In J. Abrisqueta-Gomez & F. Santos (Orgs.), *Reabilitação neuropsicológica da teoria à prática.* Porto Alegre: Artes Médicas.

_____, Guimarães, I. E., & Tabaquim, M. L. (2006). Neuropsicologia do desenvolvimento: aspectos teóricos e clínicos. In C. B. Melo, M. C. Miranda, & Muszkat, M., *Neuropsicologia do Desenvolvimento: conceitos e abordagens* (pp. 14--25). São Paulo: Memnon.

Grafman, J. & Boller, F. (1989). A comment on Luria's of calculation disorders. *Journal of Neurolinguistics,* 4, 1, 123-135.

Guerra, L., Pereira, A., Alves, F., Rocha, V., & Soares, M. (2005). O cérebro vai à escola: a experiência do projeto NeuroEduca. *Anais do 8º Encontro de Extensão da UFMG.*

Hazin, I. (2006). *Atividade matemática em crianças com epilepsia idiopática generalizada do tipo ausência: uma contribuição da neuropsicologia e da psicologia cognitiva*. Tese de doutorado não publicada apresentada ao programa de pós-graduação em psicologia cognitiva da UFPE.

Johnston, M. (2004). Clinical disorders of brain plasticity. *Brain & Development, 26*(2) pp. 73-80.

Jurado, M. A. (2006). Disfasias, dislexias, disgrafias e discalculias. In C. J. Plaja, O. B. Rabassa, & M. M Serrat (Orgs.), *Neuropsicologia da linguagem* (pp. 79-93). São Paulo: Editora Santos.

Kandel, E. R., Schwartz, J. H., & Jessel, T. M. (1997). *Fundamentos da neurociência e do comportamento*. Rio de Janeiro: Prentice Hall do Brasil.

Lakoff, G. & Núñez, R. E. (2000). *Where mathematics comes from: how the embodied mind brings mathematics into being*. New York: Basic Books.

Lent, R. (2004). *Cem bilhões de neurônios. Conceitos fundamentais de neurociência*. São Paulo: Atheneu.

_____. (2008). *Neurociência da mente e do comportamento*. Rio de Janeiro: Guanabara Koogan.

Luria, A. R. (1981). *Fundamentos de neuropsicologia*. São Paulo: Editora da Universidade de São Paulo.

Lussier, F & Flessas, J. (2009). *Neuropsychologie de l'enfant*. Paris: Dunod.

Mello, C. B. & Muszkat, M. (2008). Linguagem. In M. Muszkat & C. B. de Mello (Orgs.), *Neuropsicologia do desenvolvimento e suas interfaces* (pp. 174-186). São Paulo: All Print.

_____. (2008). *Neuropsicologia do desenvolvimento e suas interfaces*. São Paulo: All Print.

Miranda, M. & Muszkat, M. (2004). Neuropsicologia do desenvolvimento. In V. Andrade, F. Santos, & O. Bueno, (Orgs.). *Neuropsicologia hoje*. Porto Alegre: Artes Médicas.

Munro, J. (2003). A unifying concept in understanding mathematics learning disabilities. *Australian Journal of Learning Disabilities, 8*(4), pp. 25-32.

Muszkat, M. (2006). Desenvolvimento e neuroplasticidade. In C. B. Mello, M. C. Miranda, & M. Muszkat, (Orgs.). *Neuropsicologia do desenvolvimento: conceitos e abordagens* (pp. 26-45). São Paulo: Memnon.

_____. (2008). Neurodesenvolvimento e neuroplasticidade. In C. B. de Mello & M. Muszkat (Orgs.), *Neuropsicologia do desenvolvimento e suas interfaces* (pp. 49-72). São Paulo: All Print.

Oliveira, C. R., Rodrigues, J. C., & Fonseca, R. P. (2009). O uso de instrumentos neuropsicológicos na avaliação de dificuldades de aprendizagem. *Revista da Associação Brasileira de Psicopedagogia*, 26, 79, 65-76.

Pinheiro, M. (2007). Fundamentos de neuropsicologia: o desenvolvimento cerebral da criança. *Vita e Sanitas*, 1(1), 34-48.

Rotta, N. & Pedroso, F. (2006). Transtornos da linguagem escrita-dislexia. In N. Rotta, L. Ohlweiler, & R. Riesgo (Orgs.). *Transtorno da aprendizagem: abordagem neurobiológica e multidisciplinar* (pp. 131-150). Porto Alegre: Artmed.

Rushton, S., Eitelgeorge, J., & Zickafoose, R. (2003). Connecting Brian Cambourne's conditions of learning theory to brain/mind principles: implications for early childhood educators. *Early Childhood Education Journal*, 31(1), 11-21.

Salles, J. F., Parente, M. A. P., & Machado, S. J. (2004). As dislexias de desenvolvimento: os aspectos neuropsicológicos e cognitivos. *Revista Interações*, 9 (17), 109-132.

Shalev, R. & Gross-Tsur, V. (2001). Developmental dyscalculia. *Pediatric Neurology*, 24(5), 337-341.

Silver, C. H., Ruff, R. M., Iverson, G. L., Barth, J. T., Broshek, D. K., Bush, S. S., Koffler, S. P., & Reynolds, C. R. (2008). Learning disabilities: the need for neuropsychological evaluation. *Archives of Clinical Neuropsychology*, 23, 217--219.

Stahl, S. (2002). *Psicofarmacologia*. Rio de Janeiro: Medsi.

Repetição e simbolização nas brincadeiras de crianças[1]

* * *

Leda Maria Codeço Barone

Introdução

Se observarmos a criança que brinca — seja livremente em casa, sozinha com seus brinquedos ou na companhia de adultos ou colegas, seja em situação mais especializada como nas sessões analíticas —, não há como ignorar que ela repete *ad infinitum* a mesma ação, deixando claro que a repetição é um elemento constitutivo da brincadeira. Estão incluídas aí as repetições de cantigas, de pequenos versinhos, ou ainda os pedidos da criança dirigidos à mãe de contar a mesma história infinitas vezes.

Catarina, menina com apenas dois anos de idade, diante da difícil vivência de separação de seus pais, insistia com sua avó: — *Cante, vovó, "O cravo brigou com a rosa"*. A avó canta uma, duas, três vezes e começa a cantarolar outra canção. Mas Catarina volta a insistir: — *Cante, vovó, "O cravo brigou com a rosa"*.

Fábio, durante um período de sua análise, chega a cada sessão propondo a mesma brincadeira: a de se esconder sob o divã da analista esperando ser

---

[1] Este trabalho retoma trabalhos anteriores da autora e está baseado na versão apresentada no XXXII Congresso Interamericano de Psicologia, promovido pela Sociedade Interamericana de Psicologia, em 2009, na Guatemala.

encontrado a cada vez. Em seguida esconde-se novamente dando início mais uma vez à brincadeira.

Renato, com cuidadosa habilidade, monta com seus soldadinhos de palitos e couro intermináveis batalhas em que parte do exército é posta em baixa para outra vez, com a mesma habilidade, armar o campo de batalha e tornar a destruí-lo.

Como podemos compreender a insistência dessas brincadeiras? Que força impulsiona cada criança a retomar sempre e sempre a mesma ação? Por que elas a repetem tantas vezes deixando pais, adultos exaustos e perplexos? E como aproveitar o potencial dessa força no atendimento a crianças pré-escolares?

Para responder a essas questões dois textos me servirão de apoio. São eles: *Além do princípio do prazer*, de Freud (1920/1985), e *Brinquedo e brincadeira*, de Walter Benjamin (1928/1996). Um exemplo da clínica psicanalítica dos problemas de aprendizagem servirá para a discussão da questão apresentada.

Além do princípio do prazer: a compulsão à repetição

No trabalho *Além do princípio do prazer*, Freud (1920/1985) relata a observação da brincadeira de uma criança que pode acompanhar durante um período de tempo. Essa criança, um menino de um ano e meio de idade, tinha o hábito de lançar para longe qualquer objeto que tivesse em suas mãos enquanto emitia um longo "o-o-o-o" manifestando grande satisfação com isso. Observando um pouco mais, Freud pôde perceber que a expressão "o-o-o-o" não se tratava de simples interjeição, mas representava a palavra alemã "*fort*", que em português pode ser traduzida como "ir embora".

Aos poucos o observador percebe ainda que a brincadeira na verdade é um jogo que consiste em "mandar embora" os seus brinquedos, o que foi confirmado através de novas observações que assim descreve o autor:

> O menino tinha um carretel de madeira com um pedaço de cordão amarrado em volta dele. Nunca lhe ocorrera puxá-lo pelo chão atrás de si, por exemplo, e brincar com o carretel como se fosse um carro. O que ele fazia, era segurar o carretel pelo cordão e com muita perícia

arremessá-lo por sobre a borda de sua caminha encortinada, de maneira que aquele desaparecia por entre as cortinas, ao mesmo tempo em que o menino proferia seu expressivo "o-o-o-o". Puxava então o carretel para fora da cama novamente, por meio do cordão, e saudava seu reaparecimento com um alegre "*da*" ("ali"). Essa, então, era a brincadeira completa: desaparecimento e retorno. (Freud, 1920, p. 26)

Freud interpreta esse jogo afirmando que ele se relaciona à grande realização cultural da criança, ou seja, a renúncia instintual que fizera ao deixar a mãe ir embora sem protestar.

Nesse ponto, Freud conjectura que a criança não deve ter experimentado a partida da mãe como algo prazeroso e pergunta-se por que, então, a criança a repete na brincadeira. Uma resposta possível é acreditar que o prazer advinha da última parte do jogo, ou seja, do retorno do objeto, mas tal interpretação deixa sem explicação o fato de que a primeira parte da brincadeira — a da partida — ser encenada como um jogo em si mesmo e com muito mais frequência do que o episódio na íntegra. Assim, Freud pressupõe outro motivo para a brincadeira, ou seja, repetindo a brincadeira a criança pode fazer ativamente aquilo que sofreu passivamente, atendendo a um instinto de dominação da experiência.

Mais adiante, no mesmo texto, Freud vai propor um além do princípio do prazer — a compulsão à repetição —, reconhecendo como tarefa primordial do aparelho mental dominar ou sujeitar o acúmulo de excitação experimentado, independentemente ou mesmo desprezando o princípio do prazer.

Assim, a brincadeira é a tentativa de a criança fazer frente a angústias de separação e através dela a criança instaura a capacidade de simbolizar a ausência de sua mãe, ao mesmo tempo que obtém domínio sobre a situação, ficando dessa maneira estabelecido o vínculo entre repetição e simbolização: ao produzir um efeito na realidade a criança poderá apropriar-se de sua ação tornando-a passível de ser narrada.

Brincar, repetir e narrar

Benjamin, ao comentar uma enciclopédia sobre o brinquedo, de Gröber, propõe assuntos que um verdadeiro estudo sobre o brincar deveria conter.

Diz o autor:

> Enfim, esse estudo deveria investigar a grande lei que, além de todas as regras e ritmos individuais, rege o mundo da brincadeira em sua totalidade: a lei da repetição. Sabemos que a repetição é para a criança a essência da brincadeira, que nada lhe dá tanto prazer como "brincar outra vez". A obscura compulsão de repetição não é menos violenta nem menos astuta na brincadeira que no sexo. Não é por acaso que Freud acreditava ter descoberto nesse impulso um "além do princípio do prazer". (...) O adulto alivia seu coração do medo e goza duplamente sua felicidade quando narra sua experiência. A criança recria essa experiência, começa sempre tudo de novo, desde o início. Talvez seja esta a raiz mais profunda do duplo sentido da palavra alemã *Spielen* (brincar e representar): repetir o mesmo seria seu elemento comum. A essência da representação, como da brincadeira, não é "fazer como se", mas "fazer sempre de novo", é a transformação em hábito de uma experiência devastadora. (Benjamin, 1928, pp. 252-253)

Sobre a proposta de Benjamin, acho importante destacar o valor e o sentido que em sua obra é dado ao termo *experiência*. Em dois outros textos famosos do autor — "Experiência e pobreza" de 1933 e "O narrador", de 1936 — ele fala do *fim da narrativa tradicional*, da *perda da experiência* e do consequente declínio da *capacidade de narrar*.

O termo experiência, na obra de Benjamin, conforme esclarece Gagnebin (2006), deve ser tomado no sentido forte e substancial do termo, ou seja, naquele "que a filosofia clássica desenvolveu, que repousa sobre a possibilidade de uma tradição compartilhada por uma comunidade humana, tradição retomada e transformada, em cada geração, na continuidade de uma palavra transmitida de pai para filho" (Gagnebin, 2006, p. 50).

Para tratar dessa questão, no texto "Experiência e pobreza", Benjamim se vale de uma fábula que leu num livro. Segundo a fábula, um velho vinhateiro em seu leito de morte confia a seus filhos um segredo: há um tesouro escondido em suas terras. Os filhos cavam e não encontram nada. Porém no ano seguinte suas vinhas florescem mais que nunca. Os filhos então compreendem que o pai lhes transmitiu uma *experiência* e que sua riqueza provém dessa *experiência*. É interessante observar o ponto para o qual Gagnebin vai chamar atenção na fábula. Não é para o ensinamento moral proposto pela fábula: *a nobreza do trabalho*, mas para a questão da *autoridade da palavra do pai*. Diz então Gagnebin:

> O que importa é que o pai fala de seu leito de morte e é ouvido, que os filhos respondem a uma palavra transmitida nesse limiar, e reconhecem, em seus atos, que algo se passa de geração para geração; algo maior que as pequenas experiências individuais particulares (*Erlebnisse*), maior que a simples existência individual do pai, um pobre vinhateiro, porém, que é transmitido por ele; algo, portanto, que transcende a vida e a morte particulares, mas nelas se diz; algo que concerne aos descendentes. (Gagnebin, 2006, p. 50)

Benjamin observa que a perda da experiência acarreta outro desaparecimento, o desaparecimento das formas tradicionais de narrativa cujas fontes encontram-se nessa comunidade e nessa possibilidade de transmissão. E para o autor esse duplo desaparecimento provém de fatores históricos — capitalismo, técnica — que culminaram com as atrocidades da Primeira Guerra Mundial: "os combatentes tinham voltado silenciosos do campo de batalha. Mais pobres em experiências comunicáveis, e não mais ricos", observa o autor em ambos os textos (Benjamin, 1933/1996, pp. 114-115).

Ainda Gagnebin a respeito desses textos vai apontar que Benjamin, nesse diagnóstico,

> reúne reflexões oriundas de duas proveniências: uma reflexão sobre o desenvolvimento das forças produtivas e da técnica e outra reflexão *convergente* sobre a memória traumática, sobre a experiência do choque [...], portanto, sobre a impossibilidade, para a linguagem cotidiana e para a narração tradicional assimilar o choque. (Gagnebin, 2006, p. 51).

Assim, para o fim de nossa discussão nesse trabalho importa ressaltar a impossibilidade de uma resposta simbólica diante do trauma apontada tanto por Benjamin como por Freud. Diante do trauma, do choque faltam palavras e a repetição é uma forma de permitir encontrar palavras que possam simbolizar, significar ou organizar o caos, o vazio do vivido.

Um exemplo da clínica psicanalítica dos problemas de aprendizagem

A partir da consideração do que apresentamos surge a questão de sabermos se é possível aproveitar o potencial dessa força presente na brincadeira das crianças no atendimento a crianças pré-escolares. Ou seja, como propor atividades com crianças com dificuldades de simbolização que possam não só desenvolver essa capacidade, mas, sobretudo, que levem em conta a experiência da criança de maneira a permitir elaboração de situações traumáticas e dolorosas?

Uma resposta possível, nos parece, é utilizar como meio a narrativa de pequenas histórias, fábulas e contos. Como nas brincadeiras de criança em que a mãe conta uma história, canta uma pequena canção ou repete uma brincadeira com a criança ao mesmo tempo que lhe fala, propomos uma atividade, que denomino de *Imaginação*, que consiste no seguinte: contar uma história, parte por parte, e pedir à criança que desenhe em seguida cada parte ouvida e que depois narre o que desenhou. Essa atividade de ouvir, desenhar e contar a história se repete até o fim da história lida. Embora a repetição como proposta aqui não seja exatamente aquilo que entende Freud como *compulsão à repetição*, acreditamos que se aproxima de alguns de seus elementos, como o de fazer ativamente o que sofreu passivamente, pois a criança escuta e depois conta a história, e também porque a trama da história introduz questões dolorosas e de conflito para a criança que, pela repetição, poderá encontrar meios para elaboração e simbolização da situação traumática. Cremos que se aproxima também da ideia benjaminiana de existir um vínculo entre *experiência* e capacidade de narrar. Lembremos que a crítica de Benjamin sobre o fim da narrativa está assentada sobre o efeito das experiências de choque, traumáticas sobre a linguagem, isto é, sobre a impossibilidade de a linguagem assimilar o choque. Talvez a brincadeira possa "transformar em hábito (ser assimilada) uma experiência devastadora".

O exemplo aqui proposto foi retirado da clínica psicanalítica dos distúrbios de aprendizagem da leitura e da escrita. O nosso sujeito era um menino de sete anos — a quem denominei Marcel —, com muita dificuldade na aprendizagem da leitura e da escrita, além de dificuldades na organização da linguagem. Entre dados de sua história cabe ressaltar o seguinte: quando sua mãe estava no terceiro para o quarto mês de gravidez, seu pai a deixou alegando "nunca desejei ser pai". O atendimento durou dois anos e quatro meses e apresentamos aqui o fragmento de uma sessão em que foi utilizada a fábula: *O ursinho e as abelhas,* de Leonardo da Vince, na atividade já referida de *Imaginação.*

Leitura da primeira parte da fábula:

"Um filhote de urso estava passeando pela floresta, quando viu um buraco no tronco de uma árvore".

Figura 1
Título | O ursinho passeando pela floresta.

História recontada por Marcel: "Ele estava passeando na floresta e viu um buraco de abelhas".

Leitura da segunda parte da fábula:

"Olhando mais de perto, reparou que uma porção de abelhas entrava e saía constantemente do buraco. Algumas permaneciam em frente, à entrada, como se estivessem montando guarda".

Figura 2
Título | O ursinho observando o movimento das abelhas.

História recontada por Marcel: "Me deu uma vontade de comer mel", diz enquanto desenha. E a seguir: "O urso chegando mais perto das abelhas, do buraco e da árvore, e as abelhas entrando e saindo do buraco".

Leitura da terceira parte da fábula:

"Cada vez mais curioso, o ursinho pôs-se em pé nas patas traseiras, meteu o focinho no buraco, farejou, e depois enfiou uma pata".

Figura 3
Título | O ursinho cada vez mais curioso.

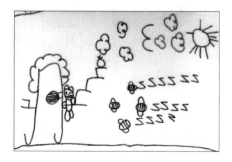

História recontada por Marcel: "O ursinho enfiando o focinho e as abelhas zzzzzzzzzzzzzzzzzzzzzzzzzzz...".

Leitura da quarta parte da fábula:

"Quando retirou a pata, ela estava lambuzada de mel. Porém, mal começara a lambê-la quando um enxame de abelhas enfurecidas saiu do buraco e atacou-o, mordendo-lhe o focinho, as orelhas, todo ele".

Figura 4
Título | As abelhas furiosas atacam o ursinho.

História recontada por Marcel: "Aqui ele todo mordido. Aqui as abelhas. E aqui furiosas, superfuriosas atacavam ele, zzzzzzzzzzzzzzzzzzzzzzz zzzzzzzzzzzzzzzzzzzzz...".

Leitura da quinta parte da fábula:

"O ursinho tentou defender-se, mas se enxotava as abelhas para um lado, elas voltavam e atacavam pelo outro. Enfurecido tentou vingar-se através de golpes pelos dois lados. Porém, querendo atingir a todas, não conseguiu derrubar nenhuma".

Figura 5
Título | O ursinho tenta se defender.

História recontada por Marcel: "Esse aqui todo picado. Dá para ver o mel inteirinho pelo buraco da árvore. As abelhas, o sol, as nuvens".

Leitura da sexta parte da fábula:

"Finalmente rolou pelo chão até que, vencido pela dor das picadas, voltou correndo para junto de sua mãe".

Figura 6
Título | O ursinho vencido pela dor volta para sua mãe.

História recontada por Marcel: "Ele saiu correndo e chorando para sua mãe. Essa é sua mãe. O sol, as nuvens".

Pedido de outro fim para a fábula:

"Agora você vai inventar outro fim para a fábula. Como você gostaria que tivesse terminado".

Figura 7
Título | Como Marcel terminou a história.

Fim proposto por Marcel: "Esse é o pai. Essa a árvore. Ele matou as abelhas, aqui a colmeia toda arrebentada, as abelhas mortas no chão. O ursinho dando risada".

Discussão da atividade de *Imaginação*

Pensamos que a atividade de *Imaginação*, como brincadeira de criança, permitiu a Marcel elaborar algumas questões importantes de sua vida. A brincadeira, com seu caráter de repetição — de ouvir, desenhar e narrar —, teve o efeito de colocar em cena uma questão traumática para Marcel. Na impossibilidade de ser reconhecido e nomeado pelo pai como filho, só lhe restava a condição de enredado na relação com a mãe. Nessa condição não há lugar para subjetivação. A mãe é ao mesmo tempo mel e abelha. Doce e feroz. Produz um visgo que aprisiona, deixando o ursinho da fábula impotente, apesar dos golpes e pontapés que dá para livrar-se das abelhas. E na história de Marcel, somente um pai potente poderia proteger o filho de ser engolfado numa relação sem saída com a mãe. E é isso que propõe Marcel quando introduz o pai como aquele que vem em socorro do filho. A brincadeira teve assim o poder de instaurar um lugar para o pai, transformando uma experiência traumática em narrativa.

Referências

Benjamin, W. (1928/1996). Brinquedo e brincadeira. Observações sobre uma obra monumental. Em: Walter Benjamin – *Obras escolhidas. Magia e técnica, arte e política*. São Paulo: Brasiliense.

_____. (1933/1996). Experiência e pobreza. Em: *Walter Benjamin – Obras escolhidas. Magia e técnica, arte e política*. São Paulo: Brasiliense.

_____. (1936/1996). O narrador. Considerações sobre a obra de Nikolai Leskov. Em: *Walter Benjamin – Obras escolhidas. Magia e técnica, arte e política*. São Paulo: Brasiliense.

Freud, S. (1920/1985). Além do princípio do prazer. Em: S. Freud *E.S.B. das Obras completas de Sigmund Freud*. Rio de Janeiro: Imago.

Gagnebin, J. M. (2006). Memória, história e testemunho. In J. M. Gagnebin, *Lembrar escrever esquecer*. São Paulo: Editora 34.

A atividade de aprendizagem: da origem a algumas de suas aplicações

* * *

Maria Laura Puglisi Barbosa Franco

Quando se discute aprendizagem, sua origem e suas implicações, ainda que sejam algumas, estamos diante de um tema complexo e de grande amplitude. Ao se acrescentar a expressão atividade de aprendizagem, a complexidade aumenta, mas nem por isso deixa de ser um desafio.

Não pretendemos, nos limites deste trabalho, esgotar o assunto, o que seria uma pretensão ingênua. No entanto, tentaremos explicitar os aspectos que nos parecem fundamentais para uma compreensível aproximação à temática.

Dentre as possíveis conceituações de aprendizagem, diríamos que é um processo de mudança obtido mediante a experiência construída por fatores neurológicos, cognitivos, emocionais, relacionais e ambientais. Sendo um processo de mudança, seria mudança de comportamento, embora esse comportamento possa, ou não, ser observável.

Sobre aprendizagem pode-se falar sobre o sujeito da aprendizagem, sobre a interação que se estabelece entre seus atores e coautores, sobre suas modalidades, sobre suas condições facilitadoras, sobre a mediação social e cultural, sobre dificuldades e distúrbios de aprendizagem, sobre a avaliação de seus resultados, sobre as representações sociais que são elaboradas a seu respeito e assim por diante.

No âmbito de seus desdobramentos, destacam-se estudos, não menos importantes, voltados à análise de seus pressupostos epistemológicos, de suas matrizes metodológicas e de seus paradigmas conceituais.

Neste trabalho, pretendemos recuperar um dos aspectos da teoria histórico-cultural, que nos beneficia com um consistente argumento explicativo, sobre a origem da atividade humana e sua relação com o desenvolvimento do psiquismo, da consciência, da personalidade e da atividade psíquica.

Neste caminhar, tentaremos explicitar as relações que podem ser estabelecidas entre esses componentes e a atividade de aprendizagem. Para "não fugir à regra", no fim, vamos apontar algumas implicações contextuais, com o objetivo de proporcionar uma oportunidade de "ser" e de "pensar junto" acerca de elementos implícitos na discussão sobre qualidade de ensino.

A atividade psíquica e a atividade de aprendizagem

A concepção da atividade humana, que atualmente ocupa um grande espaço nas investigações psicológicas, tem sua origem nos postulados centrais da Filosofia materialista dialética. Prossegue e encontra seu espaço na Psicologia e, neste caso, concordamos com Libâneo (2004) quando afirmam: "A teoria histórico-cultural desenvolvida inicialmente por Leontiev, Rubinstein e Luria, é geralmente considerada como uma continuidade da escola histórico-cultural iniciada por Vygotsky" (Libâneo, 2004, p. 7).

Da mesma forma, Schlickmann (2002) nos alerta que

> é importante destacar que tanto a Teoria Histórico-Cultural de Vygotsky, quanto a Teoria da Atividade de Leontiev, são de extrema contemporaneidade, sendo bastante valorizadas e divulgadas, na atualidade, entre psicólogos e educadores. Devemos considerar, ainda, o fato de que até a década de 60 (do século passado) os estudos desses pesquisadores eram completamente ignorados. (Schlickmann, 2002, p. 214)

Além disso, e em muitos casos, a teoria da atividade é vista como um avanço, na medida em que, sem deixar de levar em conta os aspectos históricos e culturais, procura estabelecer a diferença entre atividade e ação, entre atividade animal e atividade humana e sua vinculação com a atividade psíquica, sua base material, suas necessidades, seus motivos e finalidades. Ainda que, de maneira geral, vejamos cada um desses pontos.

Na perspectiva da teoria da atividade, a base material se fundamenta no tipo de relação diferencial que se estabelece entre o ser humano e a natureza, quando comparada com o animal.

Para a satisfação de suas necessidades de subsistência, de contato, de locomoção e de reprodução, o animal se apropria da natureza, mas não a transforma. Os seres humanos dela se apropriam e a transformam.

Um clássico exemplo, e que nos remete a novas considerações, diz respeito ao aparecimento do primeiro barco, construído pelos primatas. Como diz Alex Leontiev, se pensarmos apenas na ação e no barco, vemos uma ação de alguém e o resultado dessa ação que é seu produto. Mas, indo além, encontramos um elemento da natureza, a árvore, apropriada por um ser humano e transformada em barco, mediante o trabalho, para satisfazer uma necessidade qualquer, seja de locomoção ou de sobrevivência (Leontiev, 1978).

No entanto, o mais importante é que o barco, com sua forma e estrutura adequadas, não nasceu do nada. Surgiu de uma ideia, provavelmente, mediante a observação de uma madeira boiando na água. Assim, o homem não apenas transforma a natureza da qual se apropria, mas também se reconhece no objeto transformado. Objeto que traz a marca da ideia, consciente e deliberada de seu produtor. Inicia-se, então, a busca de explicações para o desenvolvimento do psiquismo e para a atividade psíquica.

Nos bastidores das ideias e em um percurso de idas e vindas, de dúvidas e de avanços, nascem as teorias. Daí, pensando na base material de muitas teorias, ousaríamos perguntar: o que teria feito Galileu Galilei declarar, ao sair do tribunal, após sua condenação, que "a terra é redonda" e que *"Eppur si Muove!"* (contudo se move)? Não seria a presença de algumas de suas ideias, elaboradas a partir da observação do movimento das estrelas e do desaparecimento dos navios, na confluência do oceano com o céu?

Um outro ponto de nossa discussão nos leva a refletir sobre a importância dos fatores externos na produção de ideias e de teorias. Nesse caso, é necessário levar em conta o processo interativo que se estabelece entre os fatores externos e o indivíduo. Para tal, amplia-se a base material, objetiva e observável. Essa ampliação pressupõe a inclusão dos aspectos históricos, sociais e culturais e uma análise que busca desvelar as condições dinâmicas do comportamento humano, em vez de limitar-se à enumeração de suas características.

Nesse sentido, por um lado, é fundamental admitir a influência das condições externas (históricas, sociais e culturais) no desenvolvimento da atividade psíquica, e prosseguir admitindo que a atividade psíquica se origina a partir de uma prática transformadora.

Sabemos que essas afirmações nem sempre são reconhecidas e, quando levadas ao extremo, provocam resistências e reflexões, também extremistas, que se expressam por indagações. No entanto, essa conclusão seria sustentável apenas se não levássemos em conta o aspecto dinâmico dessa influência e sua recíproca interação. Ou seja, por outro lado, é preciso considerar que a própria história é uma construção humana e que somente pela atividade dos seres humanos pode ser estagnada, destruída, retroceder, ou, ao contrário, ser superada e reconstruída, tanto do ponto de vista individual, quanto social.

Nesse contexto, a atividade de aprendizagem é considerada um componente da atividade humana, orientada para a aquisição, não apenas de conceitos, generalização, análise, síntese, raciocínio teórico, pensamento lógico... mas também para o desenvolvimento cognitivo, afetivo, subjetivo e social.

Mesmo resguardando suas características peculiares, mas estando a atividade de aprendizagem vinculada à produção do conhecimento, em primeiro lugar é preciso considerar que a construção do conhecimento não pode ser concebida como algo desvinculado da forma pela qual os seres humanos relacionam-se entre si e com os componentes culturais disponíveis na sociedade. A produção de ideias, de representações sociais, da consciência e de teorias está diretamente entrelaçada com a atividade prática dos seres humanos, enquanto asseguram as condições necessárias para a satisfação de suas necessidades existenciais. O ponto de partida para essa produção são os seres humanos em sua atividade real, vivendo no coletivo das relações sociais historicamente presentes, ainda que esses seres não tenham consciência de serem seus únicos produtores.

> Sendo os homens, em sua atividade concreta, o ponto de partida para a construção do conhecimento, a ciência real, a formação de conceitos, a aprendizagem, o desenvolvimento da personalidade começam na vida real, na atividade humana. Portanto, a verdadeira atividade — a práxis — é teórica-prática e, neste sentido, é psíquica, é relacional, é crítica, é educativa, é transformador, pois é teórica sem ser mera contemplação e é prática sem ser mera aplicação da teoria. (Franco, 2004, p. 170)

No curso do desenvolvimento dessa prática, vão surgindo as tarefas cognitivas e a atividade psíquica. Engendram-se e desenvolvem-se a percepção, a emoção, a linguagem, a personalidade e a consciência.

Necessidade, motivos e finalidades

Como diz Alex Leontiev (1978), a condição de toda atividade é uma necessidade. No entanto, em si, a necessidade não determina a orientação concreta de uma atividade, pois é apenas no objeto da atividade que ela encontra a sua determinação. Ou seja, a necessidade encontra sua determinação no objeto (se "objetiva nele"), o dito objeto torna-se motivo da atividade: aquilo que a estimula (Leontiev, 1978).

As necessidades pressupõem ações para satisfazê-las, mas a atividade implica um motivo que estimula as ações e uma finalidade que as orienta, o que significa que a atividade, mesmo sendo considerada extrínseca ao ser humano, se desdobra em diferentes tipos de atividade, cuja diferenciação é dada pelo seu conteúdo objetal, pelo seu motivo e finalidade. Elementos que passam a atribuir diferentes significados, por exemplo, à atividade psíquica e à atividade de aprendizagem. Portanto, o entendimento da ação humana e da atividade, em seus diferentes componentes, se completa com o entendimento da análise do motivo e da finalidade dessa ação. As ações humanas não são atos isolados. São atos que se transformam em atividade, quando engendrados no conjunto das relações sociais, impulsionados por motivos específicos e orientados por uma finalidade consciente.

Poderíamos perguntar: até que ponto essa finalidade pode ser considerada consciente? Leontiev responderia:

> O conceito de atividade está necessariamente unido ao conceito de motivo, que se orienta para uma finalidade. Não há atividade sem motivo, a atividade "não motivada" não é uma atividade sem motivo, mas uma atividade com um motivo subjetivo e objetivamente oculto. (Leontiev, 1978, p. 82)

A questão do motivo subjetivo e objetivamente oculto foi desenvolvida por Davidov (1999), e Libâneo (2003) avança nesse sentido ao afirmar que

> A importância deste ponto de vista é óbvia, pois põe em relevo as relações entre a atividade cognitiva e a afetividade [...] Isso significa que as ações humanas estão impregnadas de sentidos subjetivos, projetando-se em várias esferas da vida dos sujeitos, obviamente também na atividade dos alunos, na compreensão das disciplinas escolares, no envolvimento com o assunto estudado. (Libâneo, 2003, p. 10)

Um outro aspecto que merece destaque diz respeito à característica processual das necessidades e dos motivos. Na base das necessidades dos indivíduos instalem-se os motivos de suas ações. As necessidades, porém, não são ao mesmo tempo motivos da atividade e produtos desta. No decorrer de uma atividade, que é dirigida para a satisfação das necessidades, as primitivas necessidades orgânicas modificam-se e convertem-se em novas necessidades. Com o desenvolvimento e a determinação das necessidades culturais mais elevadas, modifica-se também a hierarquia entre necessidades predominantes e subordinadas. Isso é manifesto pela própria característica de irreversibilidade implícita no conceito de necessidade. A satisfação das necessidades básicas gera novas necessidades, porém não menos fundamentais, pois são produzidas no conjunto das relações sociais concretas, apreendidas e reelaboradas pelos componentes ativos do psiquismo e objetivadas, ou seja, convertidas em autênticas necessidades humanas, e portanto orientadoras de novas ações.

Sendo a necessidade a base do motivo, sendo o motivo o verdadeiro objeto da atividade e a finalidade seu resultado final pretendido, ao falarmos em atividade de aprendizagem e em propostas pedagógicas, devemos levar em conta e averiguar a compatibilidade que as impulsionam e a finalidade para a qual estão dirigidas. Ou seja, é fundamental garantir uma coerência significativa entre motivo e finalidade, pois essa coerência passa a ser uma condição importante para o desenvolvimento integral, criativo e transformador da personalidade, das realizações humanas, do "ser", do "agir", do "fazer" e do "existir", dentro e fora do espaço escolar.

Algumas implicações

Existem motivos e finalidades que orientam as Políticas Públicas e que se expressam nos Parâmetros Curriculares Nacionais, na metas previstas para a Formação de Professores e nos Cursos de Educação Continuada? Evidentemente que SIM, e seus argumentos, em geral, são muito bem fundamentados. No entanto, o que se observa, na maioria dos casos, é que os pressupostos argumentativos estão basicamente vinculados às demandas sócias, mais amplas.

Em hipótese alguma queremos dizer que isto é um equívoco. Pelo contrário, temos observado um avanço nas atuais propostas educacionais que permeiam os conteúdos da última lei de Diretrizes e Bases da Educação Nacional, aprovada em 1993. Porém, queremos salientar que ajustar propostas educacionais às demandas sociais representa apenas um aspecto da questão. E este é um tema que não se restringe à realidade brasileira, mas assume proporções internacionais, principalmente no contexto dos países em desenvolvimento. Vejamos por quê.

Em busca de uma almejada "qualidade de ensino", e após a crise dos anos 80 (do século passado), o mundo vem tentando superar o desafio de ter que encontrar respostas no sentido de alcançar um progresso técnico, articulado a um crescimento ambientalmente sustentável. Inicia-se a sinalização de que a incorporação e a difusão do avanço tecnológico viriam constituir fator fundamental para que a América Latina, e, em especial, o Brasil, alcançasse uma inserção bem-sucedida na economia mundial.

Para tanto, seria preciso enfrentar uma crescente competitividade que, quando relacionada às inovações na Ciência e na Tecnologia, supõe contar com recursos humanos bem preparados e com capacidade de agregar, progressivamente, os valores intelectuais, visando não só preservá-los como enriquecê-los.

Além de recursos humanos bem preparados do ponto de vista de aquisição de conteúdos disponíveis, nas diferentes áreas do conhecimento, torna-se imprescindível vincular a educação às inovações tecnológicas, aos novos meios de comunicação e à informática. Abandona-se, desse modo, a noção de sistemas educacionais fechados, para se adotar uma nova proposta, que se abre às demandas e experiências da sociedade e da economia.

Consequentemente, mudanças estruturais são incorporadas às políticas educacionais, que devem evoluir da visão que priorize a oferta estritamente "conteudista" para uma que contemple as habilidades necessárias para o enfrentamento das situações do cotidiano, da carreira profissional e das exigências econômicas e sociais. Partindo, portanto, do princípio de que se espera que todos os alunos aprendam de modo a apresentar níveis elevados de desempenho aceitável em função das exigências atuais, postula-se um certo equilíbrio a ser alcançado, no que concerne às competências em conteúdos escolares e às habilidades relativas à resolução de problemas, aplicação do conhecimento, comunicação efetiva, bem como envolvimento com questões político/sociais e desenvolvimento da responsabilidade pessoal.

Porém, vejamos o que já nos dizia, em 1991, Risopatron:

> No que se refere à qualidade da educação, encontramos o fenômeno da transformação do *desejo de saber* do educando, para a *necessidade de produzir*. Este imperativo que rege as práticas pedagógicas, inibe a possibilidade de uma aprendizagem significativa para o aluno, principalmente para aqueles que cursam o ensino fundamental. (Risopatron, 1991)

Prossegue a autora dizendo que um dos empecilhos para uma aprendizagem significativa está relacionado ao fato de o aluno ser o elemento mais silenciado no currículo, sendo conceituado a partir do adulto e, portanto, não a partir de sua condição de *ser*, mas de *vir a ser*, ou de *dever ser*.

> O dever ser, estipulado como o que é moral e socialmente aceito, situa as metas educacionais no adulto, enquanto cidadão integrado e bem conceituado. A distância que existe entre o aluno e a norma desejável, é o que recebe o nome de necessidade, a qual define o espaço 'do que tem que ser feito. (Risopatron,1991)

Uma visão que ultrapassa essa postura fragmentada e utilitarista reconhece que as necessidades não são apenas sociais, mas também cognitivas e emocionais. Além disso, consideramos fundamental haver compatibilidade entre as necessidades cognitivas, sociais, afetivas, emocionais, os motivos que as impulsionam, tendo como horizonte a finalidade para a qual a atividade está dirigida. E, do ponto de vista de um proposta pedagógica, a coerência significativa entre *motivo* e *finalidade* constitui condição importante de desenvolvimento integral, criativo e transformador da personalidade, pois dessa forma passa a existir uma unidade integradora entre os motivos e os fins que determinam as realizações, os projetos e o trabaho escolar.

Sabemos que o fracasso escolar, a evasão e a repetência estão, muitas vezes, relacionados com a utilização de modelos inadequados, tanto da prática pedagógica, quanto dos instrumentos de avaliação. No entanto, o primeiro passo para reverter situações como essas seria recuperar o entendimento do significado que assume para o aluno a relação que se estabelece entre os motivos e a finalidade de sua realização escolar.

Os conteúdos que encontram ressonância na vivência do estudante representam instrumentos úteis para seu desenvolvimento cognitivo e emocional, para a compreensão de sua prática atual, bem como para a revisão e transformação dessa prática.

Nesse caso, o estudo desencadeado *ssidade*, impulsionado por um *motivo* e orientado para uma finalidade desejável, torna-se não apenas uma etapa que permeia o processo de formação do indivíduo, mas também uma modalidade de atividade produtiva, de atividade psíquica e de atividade de aprendizagem.

Em consequência, coloca-se com redobrada importância a necessidade de esclarecer nossos alunos a respeito da força das ideias, do pensamento e da linguagem, que constituem a expressão da prática social. Coloca-se, ainda, como meta um trabalho orientado para a desmistificação de meias verdades ideológicas, que, servindo ao poder, para manutenção, escamoteiam as reais contradições sociais. Além disso, ao analisar, junto com eles, o caráter histórico de sua realidade social, de suas aspirações, expectativas e necessidades, estaremos em condições de discutir a perspectiva de sujeito histórico, produto e produtor da realidade.

Referências

Franco, M. L. B. (2004). Representações sociais, ideologia e desenvolvimento da consciência. *Cadernos de Pesquisa, 34*(121), 169-186.

Leontiev, A. N. (1978). *Actividad, conciencia y personalidad.* Buenos Aires: Ciencias del hombre.

Libâneo, J. C. (2004). A didática e a aprendizagem do pensar e do aprender: a Teoria Histórico-cultural da atividade e a contribuição de Vasili Davydov. *Revista Brasileira de Educação, 27*, 5-27.

Risopatron, V. (1991). *El concepto de calidad de la educación.* Santiago do Chile: OREAL/ Unesco.

Schlickmann, M. S. P. (2002). Teoria da atividade e teoria da relevância: um estudo introdutório sobre suas implicações no processo ensino- aprendizagem. *Linguagem em discurso, 3*(1), 211-224.

Estudo sobre a correlação entre aprendizagem, autoconceito e gênero

* * *

Adriana Roberta Almeida Monteiro
Márcia Siqueira de Andrade

Este estudo objetivou verificar a correlação entre autoconceito, aprendizagem e gênero. A categoria autoconceito tem sido estudada e considerada como um importante indicador da saúde mental.

O autoconceito é considerado uma organização hierárquica e multidimensional de um conjunto de percepções acerca de si próprio. O conteúdo dessas percepções, aquilo que o indivíduo reconhece como parte de si, é adaptável e regulado pelo dinamismo individual, pelas características da interação social e pelo contexto situacional (Zugliani, Motti, & Castanho, 2007). O autoconceito está relacionado à ideia de uma autodescrição mais ampla, que inclui aspectos comportamentais (o que a pessoa faz ou é capaz de fazer), cognitivos (como ela se descreve) e afetivos (como se sente a seu respeito). Assim, o autoconceito reflete uma visão mais racional de si próprio.

Para Sánchez e Escribano (1999), o autoconceito influi na relação com os outros, consistindo em um fenômeno social, uma vez que a partir das imagens refletidas pelo outro é que o indivíduo se descobre, se estrutura e se reconhece. O autoconceito também determina a trajetória do indivíduo, pois a visão mais profunda que tem de si influencia todas as escolhas significativas e as decisões, determinando o tipo de vida que ele cria para si. Um elevado autoconceito indica um indivíduo que assume todas as experiências de vida, sem ignorar ou distorcer suas percepções, não mostra discrepâncias entre o real e o ideal, adota menos atitudes de defesa, é mais aberto e percebe de forma mais autêntica a realidade, com boa aceitação dos que estão ao seu redor (Sánchez & Escribano, 1999).

Devido a essa multiplicidade de fatores, o autoconceito vem sendo considerado, na literatura, um *constructo* multidimensional que envolve diversos aspectos afetivo-emocionais (Branden, 2000).

Autoconceito e aprendizagem

Estudos realizados sobre a relação existente entre o autoconceito e aprendizagem não são conclusivos. É possível encontrar autores que consideram a existência de uma relação recíproca (Abu-Hilal, 2000; Elbaum & Vaughn, 2001; Inglez de Souza & Ferreira de Brito, 2008). De forma geral, pode-se dizer que os referidos autores partilham da afirmativa que conhecimentos e sentimentos positivos em relação a si próprio repercutem no bom funcionamento individual, na motivação e na forma como os indivíduos respondem às demandas da aprendizagem.

Outros autores defendem uma relação unilateral entre o autoconceito e a aprendizagem, isto é, indicam a existência de uma preponderância do nível de aprendizagem sobre o autoconceito ou vice-versa (González-Pienda, 2003; Estevão & Almeida, 1999).

A experiência escolar tem um papel crucial na formação das autopercepções das crianças. Nesse sentido, segundo Elbaum e Vaughn (2001), as crianças com dificuldades de aprendizagem[1] apresentam um risco elevado

---

[1] O termo dificuldades de aprendizagem engloba um grupo heterogêneo de transtornos que se manifestam em dificuldades em tarefas cognitivas, podendo ocorrer em pessoas normais, sem problemas visuais, auditivos ou motores, além de, aparentemente, estarem relacionadas a problemas de comunicação, atenção, memória, raciocínio, entre outros, ou se manifestarem concomitantemente a eles. Dentre as várias manifestações de dificuldades de aprendizagem, este estudo focaliza a dificuldade de aprendizagem da escrita.

de terem um autoconceito negativo, particularmente quanto à área acadêmica. Jacob e Loureiro (2000) destacam que os fatores afetivos encontram-se relacionados às dificuldades escolares num modelo de inter-relação que associa variáveis relativas ao desempenho escolar e aos problemas afetivos, num sistema de *feedback* constante. Esse processo contínuo parece resultar em atribuições valorativas que o indivíduo faz a respeito de si que influenciam no seu desenvolvimento e na formação da sua identidade.

Além disso, o autoconceito desempenha um papel importante no processo educativo, conforme Sánchez e Escribano (1999), isto é, o rendimento dos alunos na escola é inter-relacionado com o que sabem, assim como com suas atitudes e motivação. Pode-se hipotetizar que a criança terá maior motivação para enfrentar a situação de aprendizagem escolar na medida em que tiver uma percepção positiva de seu potencial intelectual, da sua capacidade para aprender os conteúdos escolares e de obter o sucesso, características essas associadas a uma autoestima positiva. Em contrapartida, a motivação para aprender será menor na medida em que a criança não se perceber com os recursos necessários para tal, o que está associado a uma autoestima negativa (Jacob & Loureiro, 2000).

Roeser e Eccles (2000) propõem que as dificuldades comportamentais e emocionais, por sua vez, influenciam problemas acadêmicos e estes afetam os sentimentos e os comportamentos das crianças. Tais dificuldades podem expressar-se de forma internalizada ou externalizada. Segundo os autores, as crianças que apresentam pobre desempenho escolar e atribuem isso à incompetência pessoal apresentam sentimentos de vergonha, dúvidas sobre si mesmas, baixa autoestima e distanciamento das demandas da aprendizagem, caracterizando problemas emocionais e comportamentos internalizados. Aquelas que atribuem os problemas acadêmicos à influência externa de pessoas hostis experimentam sentimentos de raiva, distanciamento das demandas acadêmicas, expressando hostilidade em relação aos outros. Relatam ainda que os sentimentos de frustração, inferioridade, raiva e agressividade diante do fracasso escolar podem resultar também em problemas comportamentais.

Contrariamente aos estudos anteriores, Souza (1996) realizou um estudo sobre o autoconceito e dificuldades de aprendizagem escolares, de 50 crianças (28 meninos e 22 meninas) de 8 a 10 anos de idade, do Ciclo Básico de escolas localizadas na cidade de São Paulo, encaminhadas a uma clínica-escola com queixa de dificuldade de aprendizagem. Entrevistas individuais foram conduzidas para identificar as percepções das crianças acerca de si mesmas, da escola e da sua família. Por meio das análises das entrevistas, a pesquisadora constatou que a variável dificuldade de aprendizagem não interferiu no autoconceito das crianças.

Esse resultado talvez possa ser explicado a partir do que diz Salvador et al. (2000), ao afirmar que no início do processo de escolarização os alunos não têm uma percepção precisa de suas habilidades e tampouco as relacionam com o seu desempenho acadêmico, uma vez que esse desempenho não parece incidir claramente no seu autoconceito. Com a escolaridade mais avançada o aluno mais realista e ajustado é capaz de perceber melhor o impacto dos resultados acadêmicos por meio da percepção das suas habilidades e competências.

A fragilidade do autoconceito e problemas de comunicação e de relacionamento interpessoais constituíram características bastante encontradas nas crianças com problemas de aprendizagem na escrita. Apresentam ainda um autoconceito rebaixado, com intensos sentimentos de inadequação e de falta de integração na sociedade, associados a dificuldades de comunicação e relacionamento com os demais, denotando uma tendência ao retraimento e timidez (Bartholomeu, Sisto, & Marin Rueda, 2006).

Chapman e Tunner (1997), ao examinarem a interação entre autoconceito e o início da aquisição da leitura, verificam que as experiências de aquisições positivas de leitura, no início da escolarização, mostraram-se associadas ao desenvolvimento de autoconceito mais positivo nos primeiros dois anos e meio de escolarização. Observaram também nesse período os efeitos negativos sobre o autoconceito das crianças que experimentaram dificuldades iniciais na aprendizagem da leitura. Da mesma forma, resultados de pesquisa realizada por Carneiro, Martinelli e Sisto (2003) indicam haver uma interação altamente significativa entre a dificuldade de aprendizagem na escrita e o autoconceito geral. Observou-se, ainda, que existe um movimento de o autoconceito rebaixar em todos os contextos, conforme a dificuldade de aprendizagem na escrita aumenta, indicando uma tendência que pode ter se refletido no autoconceito geral.

Autoconceito e gênero

As pesquisas que relacionam autoconceito e gênero, embora não apresentem resultados conclusivos, também têm apontado para uma possível distinção na natureza do conteúdo do autoconceito entre homens e mulheres (Giavoni & Tamayo, 2000). Saborowski, Alfermann e Würth (1999) demonstraram que as mulheres têm menor nível de autoconfiança (segurança) nas suas capacidades, maior dependência afetiva em relação ao técnico e maior necessidade de *feedback* emocional e apoio social (fatores externos) do que os homens. Josephs, Markus e Tafarodi (1992) encontraram resultados semelhantes, ressaltando que o autoconceito masculino está mais associado ao sentimento de autonomia, enquanto o autoconceito feminino está mais relacionado à referência e *feedback* dos outros significativos.

Pesquisa desenvolvida por Martini e Boruchovitch (1999) revelou que as meninas apresentaram autoconceito inferior em comparação com os meninos. Da mesma forma, as meninas perceberam suas competências e a capacidade de uma forma mais negativa, revelaram uma baixa expectativa de sucesso, assim como conferiram, muitas vezes, o insucesso à ausência de capacidade e o sucesso a fatores externos. Esse pensamento preconcebido provocou o rebaixamento do autoconceito, da autoeficácia e da motivação dessas alunas. Por seu lado, os meninos demonstraram maior perseverança em tarefas mais complexas comparativamente às meninas e atribuíram menos o fracasso à inteligência ou capacidade intelectual, mantendo elevado o próprio autoconceito.

Interessados nesse tema, Silva e Alencar (1984) desenvolveram um estudo com objetivo de averiguar a relação entre o autoconceito e diferentes variáveis, dentre elas diferenças de gênero. Participaram do estudo 500 alunos (240 do gênero masculino e 260 do feminino), com idade média de 11,3 anos, matriculados na 4ª série do Ensino Fundamental em escolas localizadas na cidade do Plano Piloto e Ceilândia do Distrito Federal. Não foram observadas diferenças significativas entre autoconceito e gênero.

Com uma amostra de estudantes universitários, Tamayo (1986) também encontrou relação positiva entre gênero e autoconceito. Sua investigação demonstrou que os homens apresentaram níveis mais altos para as dimensões segurança (autoconfiança) e autocontrole, enquanto as mulheres apresentaram níveis mais elevados em relação ao *self* ético-moral. Entretanto, como demonstrou a revisão de literatura realizada por Macoby e Jacklin (1974), os resultados que relacionam gênero e autoconceito não são conclusivos.

Método

Participantes

Participaram do presente estudo 40 crianças, 23 meninos e 17 meninas, na faixa etária de 7 a 12 anos, alunos do Ensino Fundamental de escolas da Rede Pública e Particular dos Municípios de São Paulo e Osasco.

As crianças foram distribuídas em dois grupos:

- Grupo 1, composto por 20 crianças, alunos do Ensino Fundamental de escolas da Rede Pública, que se encontravam, por ocasião da pesquisa, em atendimento psicopedagógico em clínica-escola localizada no município de Osasco por apresentarem problemas de aprendizagem na leitura e escrita.
- Grupo 2, (grupo controle) composto por 20 crianças, alunos do Ensino Fundamental de escola da Rede Particular, indicadas pelas professoras como tendo desempenho acadêmico satisfatório.

Foram excluídos do estudo participantes que apresentavam deficiências físicas e déficits sensoriais visíveis. A caracterização dos participantes é apresentada em duas tabelas: a Tabela 1 caracteriza os participantes do grupo 1.

Tabela 1 – Caracterização dos participantes do Grupo 1							
	7 anos	8 anos	9 anos	10 anos	11 anos	12 anos	Total
Menino	1	2	4	2	3	0	12
Menina	1	2	1	3	0	1	8
Total	2	4	5	5	3	1	20

Fonte: Secretaria da Clínica-escola

O G1 foi formado por 20 participantes, 12 meninos e 8 meninas, faixa etária entre 7 e 12 anos, sendo 50% com idades de 9 e 10 anos. Estudantes de escolas da Rede Pública Municipal de Osasco, frequentavam da primeira à sexta série do Ensino Fundamental e apresentavam problemas de aprendizagem nas leitura e escrita. Foram escolhidos aleatoriamente dentre as crianças que estavam em atendimento na clínica-escola de Psicopedagogia e que se enquadravam nos critérios de inclusão para participar da pesquisa.

Tabela 2 – Caracterização dos participantes do Grupo 2							
	7 anos	8 anos	9 anos	10 anos	11 anos	12 anos	Total
Menino	2	4	4	0	1	0	11
Menina	2	1	4	1	0	1	9
Total	4	5	8	1	1	1	20

Fonte: Secretaria da escola

O G2 foi formado por 20 participantes, 11 meninos e 9 meninas, faixa etária entre 7 e 12 anos, sendo 50% com idades de 9 e 11 anos. Estudantes de escola da Rede Particular do município de São Paulo, frequentavam da primeira à sexta série do Ensino Fundamental e apresentavam um bom rendimento acadêmico segundo parecer das professoras responsáveis. Foram indicados pelas professoras, escolhidos aleatoriamente, dentre as crianças que se enquadravam nos critérios de inclusão para participar da pesquisa.

Instrumentos

Foi utilizado o teste "Percepção do autoconceito infantil" (Sánchez & Escribano, 1999). O referido teste é composto por 34 pranchas e cada uma apresenta um desenho em que há um grupo de meninos ou meninas em situação determinada (na escola, numa festa de aniversário etc.). Cada cena é representada de duas formas: uma em que o personagem está realizando uma atividade que poderia ser qualificada como representativa de um autoconceito positivo e outra em que o personagem está realizando uma atividade que poderia ser qualificada como representativa de autoconceito negativo.

Procedimentos

Este estudo caracterizou-se por ser de risco mínimo aos participantes e foi aprovado pelo Comitê de Ética em Pesquisa da Instituição promotora, tendo seguido os preceitos éticos que regem a realização de pesquisas com seres humanos (Ministério da Saúde, Conselho Federal de Psicologia). Foi obtido o Termo de Concordância de ambas as instituições, bem como o Termo de Consentimento Livre e Esclarecido, que foi assinado pelos responsáveis legais das crianças que participaram da pesquisa. Além disso, foi assegurada aos participantes a voluntariedade de sua participação garantindo que as informações seriam tratadas anônima e sigilosamente e serviriam apenas para fins técnico-científicos, e obteve-se um assentimento verbal das crianças.

O instrumento foi aplicado pela pesquisadora coletivamente na clínica--escola para os participantes do G1 e na escola em que estudavam por ocasião da pesquisa para os participantes do G2, em horário combinado com antecedência. O teste foi aplicado a grupos de 5 crianças a cada vez, tanto para o G1 quanto para o G2.

Após a distribuição das folhas de respostas individual foram apresentados aos grupos os 34 itens que compõem o teste, um de cada vez. Após cada apresentação pediu-se às crianças que assinalassem a resposta com a qual se identificavam.

Análise dos dados

Considerou-se como indicativo de autoconceito baixo as respostas que indicaram o desenho da esquerda e autoconceito elevado as respostas que indicaram o desenho da direita nas seguintes questões: n°s 1, 2, 7, 10, 11, 14, 15, 18, 20, 24, 25, 27, 28, 29, 30, 31, 34. Da mesma forma, considerou-se como indicativo de autoconceito baixo as respostas que indicaram o desenho da direita e autoconceito elevado as respostas que indicaram o desenho da esquerda nas seguintes questões: n°s 3, 4, 5, 6, 8, 9, 12, 13, 16, 17, 19, 21, 22, 23, 26, 32, 33 (Sánchez & Escribano, 1999, p. 85). Às respostas indicativas de autoconceito baixo atribuiu-se o peso 1 e às respostas indicativas de autoconceito elevado atribuiu-se peso 2. Posteriormente, para se obter o escore total, somaram-se os valores assinalados para cada questão.

Resultados e discussão

Os dados relativos à avaliação do autoconceito quanto ao escore total e às duas categorias específicas, direita e esquerda, são apresentados na Tabela 3:

Tabela 3 – Escore Total		
	G1	G2
Direita	506	620
Esquerda	557	665
Total	1063	1285
Média aritmética	53,15	64,25

Observou-se a presença de diferenças entre o grupo com dificuldades de aprendizagem (G1) e o grupo de bom desempenho (G2) quanto ao escore total e às categorias direita e esquerda, sugestivas de um autoconceito baixo. As crianças com dificuldades de aprendizagem apresentaram um autoconceito geral mais negativo em comparação às crianças com bom desempenho escolar.

Os dados sugerem a presença de impacto negativo do fracasso escolar sobre o autoconceito das crianças com dificuldades de aprendizagem. Pode-se considerar que o autoconceito dessas crianças sofre influência negativa do fracasso escolar, como sugerido por Marturano (1997), que relata que o fracasso escolar no início da escolarização pode levar ao rebaixamento da autoestima e sentimentos de desamparo.

Foram analisados, igualmente, o escore total e as categorias direita e esquerda, considerando-se a relação entre autoconceito e gênero. Para encontrar o escore de meninas e meninos, tendo em vista que o número de elementos que compõem cada categoria é diferente, procedeu-se ao cálculo da média aritmética.

Os resultados obtidos, considerando-se a questão de gênero, sugerem que a categoria meninas apresenta um conceito mais elevado do que a categoria meninos, conforme Tabela 4:

Tabela 4 – Relação entre autoconceito, aprendizagem e gênero		
	Meninas	Meninos
Direita	481	645
Esquerda	526	699
Total	1007	1341
Média aritmética	59,23	58,30

Ao considerarmos a relação entre gênero, aprendizagem e autoconceito em cada grupo estudado, temos os seguintes resultados:

Tabela 5 – Relação entre autoconceito, aprendizagem e gênero no G2

	Meninas	Meninos
Direita	284	336
Esquerda	302	363
Total	586	699
Média aritmética	65,1	63,5

Tabela 6 – Relação entre autoconceito, aprendizagem e gênero no G1

	Meninas	Meninos
Direita	197	309
Esquerda	224	333
Total	421	642
Média aritmética	52,62	53,5

Os resultados encontrados são contraditórios: no caso dos participantes sem problemas de aprendizagem, o autoconceito das meninas é maior do que o dos meninos, confirmando o resultado que considera a categoria meninos e meninas. Entretanto, o autoconceito de meninos com problemas de aprendizagem é maior do que o das meninas com problemas de aprendizagem.

A revisão da literatura realizada por Macoby e Jacklin (1974) também mostrou resultados contraditórios. Stoner e Kaiser (1978) encontraram que em 3 das 10 escalas do *Tennessee Self-Concept Scale* os escores eram superiores para os adolescentes masculinos, enquanto Putnan, Hosie e Hansen (1978), utilizando a mesma escala também com adolescentes, não encontraram nenhuma diferença significativa entre os gêneros.

Considerações finais

Este estudo objetivou verificar a possível relação entre autoconceito e aprendizagem e gênero em crianças. Avaliou-se o autoconceito de crianças com dificuldades de aprendizagem comparativamente ao autoconceito de crianças com bom desempenho escolar. Posteriormente comparou-se o autoconceito de crianças que apresentam dificuldades de aprendizagem ao autoconceito de crianças que apresentam bom rendimento acadêmico. Verificou-se igualmente a relação entre autoconceito, aprendizagem e gênero.

Os resultados obtidos quanto aos níveis de autoconceito demonstram diferenças nos dois grupos considerados, isto é, o grupo de participantes portadores de problemas de aprendizagem exibiram escores mais baixos, sugerindo um rebaixamento do autoconceito. Esse resultado relaciona autoconceito e aprendizagem, permitindo sustentar a ideia de que o desempenho acadêmico interfere no autoconceito.

Observou-se ainda que o resultado encontrado ao relacionarem-se as categorias gênero e autoconceito de crianças com e sem problemas de aprendizagem não sustenta aquele encontrado quando se considera a categoria absoluta meninos e meninas: no caso dos participantes sem problemas de aprendizagem, o autoconceito das meninas é maior do que o autoconceito os meninos. Entretanto, o autoconceito de meninos com problemas de aprendizagem é maior do que das meninas com problemas de aprendizagem.

Por fim, vale destacar que o presente estudo não pretendeu esgotar as relações existentes entre as variáveis em questão — autoconceito, aprendizagem e gênero. Pelo contrário, ele se propôs aventar pontos de reflexões acerca da temática.

Entretanto, é importante destacar as limitações metodológicas. Considerando-se a amostra, os integrantes do Grupo 2 não foram avaliados por uma prova específica e, dessa forma, a ausência de dificuldades teve por base o critério de indicação das professoras. Tal indicação pode ter sido influenciada não só pelo rendimento acadêmico dos alunos, mas também pelo comportamento deles em sala de aula. O tamanho e homogeneidade da amostra também aparecem como limitadores de possíveis generalizações.

Dessa maneira, entende-se como necessária a realização de outros trabalhos que considerem, inclusive, a utilização de outro instrumento e uma amostra mais significativa, que difira quanto à escolaridade, nível socioeconômico e cultural, o que possibilitará uma exploração mais consistente do autoconceito e de suas relações com a aprendizagem e gênero.

Referências

Abu-Hilal, M. M. (2000). A strutural model for predicting mathematics achievement: It's relation with anxiety and self-concept in mathematics. *Psychological Report, 86*(3), 835-847.

Bartholomeu, D., Sisto, F. F., & Marin Rueda, F. J. (2006). Dificuldades de aprendizagem na escrita e características emocionais de crianças. *Psicologia em Estudo. 11*(1), 139-146.

Boruchovitch, E. (1994). As variáveis psicológicas e o processo de aprendizagem: uma contribuição para a psicologia escolar. *Psicologia: Teoria e Pesquisa*, 10, 129-139.

Branden, N. (2000). *Autoestima: como aprender a gostar de si mesmo.* São Paulo: Saraiva.

Carneiro, G. R. S., Martinelli, S. C., & Sisto, F. F. (2003). Autoconceito e dificuldades de aprendizagem na escrita. *Psicologia Reflexão e Crítica. 16*(3), 427-434.

Chapman, J. W., & Tunner, W. E. (1997). A longitudinal study of beginning reading achievement and reading self-concept. *British Journal of Educational Psychology,* 67, 279-291.

Elbaum, B., & Vaughn, S. (2001). School-based interventions to enhance the self-concept of students with learning disabilities: a meta-analysis. *The Elementary School Journal, 10*(3), 303-329.

Estevão, C., & Almeida, L. S. C. (1999). Dimensões do autoconceito e sua relação com o rendimento escolar. *Psicologia Argumento,* 18, 113-130.

Giavoni, A., & Tamayo, A. (2000). Inventário dos esquemas de gênero do autoconceito (IEGA). *Psicologia: Teoria e Pesquisa,* 16, 175-184.

González-Pienda, J. A. (2003). El rendimiento escolar: uma análise de las variables que lo condicionan. *Revista Galego-Portuguesa de Psicoloxía e Educación,* 7(9), 247-258.

Inglez de Souza, L., & Ferreira de Brito, M. (2008). Crenças de autoeficácia, autoconceito e desempenho em matemática. *Estudos de Psicologia, 25*(2), 193-201.

Jacob, A. V., & Loureiro, S. R. (2000). Autoconceito, desempenho escolar e comportamento. In *Resumos do I Congresso Híspano-Portugués de Psicologia: Hacia una Psicologia Integradora*. Noia: Gráficas Sementeira S.A. p. 261-266.

Josephs, R. A., Markus, H. R., & Tafarodi, R. W. (1992). Gender and self-esteem. *Journal of Personality and Social Psychology*, 63, 391-402.

Macoby, E. A., & Jacklin, C. N. (1974). *The psychology of sex differences*. Stanford: Stanford University Press.

Marturano, E. M. (1997). A criança, o insucesso escolar precoce e a família: condições de residência e vulnerabilidade. In E. M. Marturano, S. R. Loureiro, & A.W. Zuardi (Orgs.), *Estudos em Saúde Mental* (pp. 132-145). Ribeirão Preto: Comissão de Pós-Graduação em Saúde Mental — FMRP/USP.

Okano, C. B., Loureiro, S. R., Linhares, M.B.M., & Marturano, E. M. (2004). Crianças com dificuldades escolares atendidas em programa de suporte psicopedagógico na escola: avaliação do autoconceito. *Psicologia: Reflexão e Crítica*, 17(1), 121-128.

Paiva, M. O. A. (2003). *Comportamentos disruptivos dos adolescentes na escola: influências do autoconceito, sexo, idade e repetência*. Tese de mestrado, não publicada. Porto: Faculdade de Ciências Humanas e Sociais da Universidade Fernando Pessoa.

Putnan, B. A., Hosie, T. W., & Hansen, J. L. (1978). Sex differences in self-concept variables and vocacional attitude maturity of adolescents. *Journal of Experimental Education*, 47, 23-27.

Roeser, R. W., & Eccles, J. S., (2000). Schooling and Mental Health. In A. J. Sameroff, M. Lewis, & S.M. Miller (Orgs.), *Handbook of Developmental Psychopathology*, 2nd ed., (135-156). New York: Plenum.

Saborowski, G., Alfermann, D., & Würth, S. (1999). Mädchen und Frauen im Leistugssport. *Zeitschrift der Trainerakademie Köln*, 3, 6-11.

Salvador, C. C., Alemany, I. G., Martí, E., Majós, T. M., Mestres, M. M., Goñi, J. O., Gallart, I. S., & Gimenez, E.V. (2000). *Psicologia do ensino*. Porto Alegre: Artes Médicas.

Sánchez, A. V., & Escribano, E. A. (1999). *Medição do autoconceito*. Bauru: Edusc.

Silva, I. V., & Alencar, E. M. L. S. (1984). Autoconceito, rendimento acadêmico e escolha do lugar de sentar entre alunos de nível socioeconômico médio e baixo. *Arquivos Brasileiros de Psicologia*, 36, 89-96.

Silva, S. S. da, & Fleith, D. S. (2005). Desempenho escolar e autocenceito de alunos atendidos em serviços psicopedagógicos. *Psicologia Escolar e Educacional. 9*(2), 235-245.

Souza, I. M. (1996). *Problemas de aprendizagem: crianças de 8 a 11 anos*. São Paulo: Edusc.

Stoner, S., & Kaiser, L. (1978). Sex differences in self-concept of adolescents. *Psychological Repports*, 43, 305-306.

Tamayo, A. (1986). Autoconcepto, sexo y estado civil. *Acta Psiquiátrica y Psicológica de América Latina*, 32, 207-214.

Zugliani, A. P., Motti, T. F. G., & Castanho, R. M. (2007). O autoconceito do adolescente deficiente auditivo e sua relação com o uso do aparelho de amplificação sonora individual. *Revista Brasileira de Educação Especial. 13*(1), 5-110.

Constituição psíquica e problemas de aprendizagem[1]

* * *

Silvia Schlemenson

Crianças com problemas de aprendizagem apresentam restrições afetivas que limitam a realização satisfatória das tarefas escolares. As questões psíquicas que interferem na capacidade de conhecer do sujeito são produzidas por conflitos internos não resolvidos na dinâmica parental e intergeracional que fixam, no psiquismo da criança, as limitações afetivas de seus progenitores.

O psiquismo é considerado teoricamente como uma instância atravessada por sucessivas experiências de prazer e sofrimento que começam no momento do nascimento da criança e delimitam formas de confiança nos objetos sociais, assimiláveis às recebidas de sua estrutura parental.

Os objetos com os quais a criança se relaciona inicialmente são aqueles que lhes oferecem assistência, cuidados e prazer. Esses objetos, os quais chamaremos parentais, limitam e constituem o psiquismo da criança. Limitam porque marcam formas de acesso ao prazer e se constituem a partir da riqueza afetiva e simbólica que os adultos, de quem a criança depende, transferem à criança.

---

[1] Título original: Constitución psíquica y problemas de aprendizaje. Tradução de Márcia Siqueira de Andrade.

As marcas psíquicas restritivas das crianças com problemas de aprendizagem são percebidas pela qualidade de suas produções simbólicas e permitem levantar hipóteses sobre os aspectos de sua história que poderiam ter produzido fraturas nas estratégias de integração satisfatória ao campo social.

As distintas maneiras que o sujeito tem de relacionar-se com o conhecimento ancoram-se na qualidade afetiva dos modelos parentais. Essas maneiras transpassam e, ao mesmo tempo, permitem a relação do sujeito com o mundo e com os espaços de prazer e de evitação do sofrimento.

As maneiras afetivamente restritivas de aprender não começam na escola e podem ser buscadas nos antecedentes simbólicos. Esses antecedentes permitem compreender, dinamicamente, o nível de incidência dos elementos históricos que distinguem a vida de um sujeito, para deduzir deles as formas características da relação dialética e complexa entre o presente e as experiências significativas vividas no passado.

Pode-se inferir a qualidade dos modelos transmitidos pelas figuras parentais mediante a reconstrução histórica e subjetiva dos acontecimentos vividos pela criança, desde sua origem.

Algumas pinceladas teóricas

A aprendizagem, em sentido amplo e a partir de um recorte exclusivamente subjetivo, é um processo singular e ativo de incorporação de novidades e transformações cognitivas acompanhadas de uma dinâmica psíquica que considera o afeto (emoção) como elemento propulsor do desejo por conhecer.

A compreensão dinâmica dos problemas de aprendizagem inclui a possibilidade de abandonar a atenção dirigida, exclusivamente, ao tratamento para compreendê-los como uma forma particular de operar com o mundo circundante, na qual se repetem modalidades restritivas de produção de conhecimento associáveis a modos de circulação rígida dos afetos. A análise das peculiaridades representativas de cada criança permite perceber as distintas maneiras de circulação do afeto e seu efeito propulsivo ou restritivo sobre sua produção simbólica.

A Cátedra de Psicopedagogia Clínica da Faculdade de Psicologia da Universidade de Buenos Aires tem desenvolvido, nos últimos vinte anos, pesquisas sobre as características distintivas da produção simbólica, elegendo para compreendê-las o modelo psicanalítico, a partir do qual as características atuais de uma criança se justificam pelos antecedentes histórico-subjetivos que a antecedem. A referida produtividade simbólica é avaliada considerando-se as formas com as quais uma criança desenha, fala, lê ou escreve.

Aulagnier (1977, 1984, 1986) Bleichmar (1987), Castoriadis (1999) e Green (2005), entre outros, consideram a atividade representativa como a expressão de um modo de atividade psíquica mediante a qual um sujeito dá conta de interpretar e operar o mundo circundante. A referida interpretação não é produto exclusivo de sua experiência cotidiana, nem de sua herança genética. Ela é precedida pelo modelo de mundo dos adultos responsáveis pela sobrevivência da criança. Daqueles que, por amor, cuidado e proteção, o assistem na satisfação de suas necesidades de alimento e abrigo.

Os primeiros modelos assistenciais são considerados libidinalmente significativos porque incorporam prazer à satisfação das necessidades biológicas da criança. O primeiro adulto significativo na vida da criança, habitualmente o pai ou a mãe, não atende às necessidades da criança de qualquer maneira, mas de acordo com suas próprias experiências simbólicas e pessoais. Oferece, então, à criança, carinho, amor e atenção, ao mesmo tempo que marca as formas preferenciais de satisfação e circulação de afeto, de experiências psíquicas motivadoras, de busca e encontro prazeroso com os diferentes objetos sociais existentes.

O início da constituição psíquica de um bebê está delimitado e inscrito pelas características psíquicas dos adultos que o assistem e que condicionam o campo de possibilidades psíquicas da criança ao seu caudal interpretativo e formas particulares de satisfazer suas necessidades. O adulto nutre e oferece um espaço de reservas libidinais, a partir do qual o bebê iniciará sua diferenciação psíquica. A riqueza simbólica herdada e as condições existentes para aceder experiências de prazer são recebidas como um legado dos adultos para as crianças. Quando esse legado é ameaçador, cheio de restrições e situações não resolvidas por parte dos pais, pode produzir fraturas na forma de a criança se relacionar com o mundo e com o conhecimento.

Os aspectos dinâmicos que incidem no modo de a criança incorporar conhecimentos podem, então, relacionar-se com a história libidinal e edípica de seus progenitores e se expressam nas formas atualizadas de sua produtividade simbólica. Por isso, para poder diagnosticar clinicamente os problemas de aprendizagem, é necessário diferenciar:

- Os antecedentes histórico-subjetivos que incidiram em seus problemas psicopedagógicos.

- As formas com que se apresentam, nas crianças, os conflitos originários identificados pela maneira atualizada de desenhar, escrever, ler e falar.

Pesquisas sobre o tema

As primeiras pesquisas da Cátedra de Psicopedagogia Clínica da Faculdade de Psicologia da Universidade de Buenos Aires centraram sua atenção na descrição das características da oferta simbólica primária necessária para potencializar os processos de simbolização nas crianças. Durante esse período foram trabalhados, em profundidade, os antecedentes histórico--libidinais que poderiam incidir nas formas de produtividade simbólica dos bebês realçando-se características históricas parentais que poderiam preceder as restrições apresentadas pelas crianças na aprendizagem escolar.

Antecedentes histórico-subjetivos

Entre os indicadores dos antecedentes históricos que poderiam incidir na produtividade simbólica da criança distinguiram-se:

- A qualidade das relações de origem.

- O tipo de funções parentais preponderantes.

- O posicionamento da criança no interior da estrutura parental.

- O realce dos conflitos predominantes no discurso parental.
- As situações traumáticas vividas.

a) Qualidade das relações de origem

Pesquisas atuais (Bowlby, 1998) têm comprovado que a regularidade nos vínculos primários e o apego às figuras protetoras tornam-se referentes significativos na potencialização da estabilidade psíquica da criança. Os espaços parentais de sustentação e transferência de fluxo emocional complexo geram afetos de abrigo e carinho. Os espaços parentais hostis ou indiferentes podem, por outro lado, produzir fortes tendências de inibição, desconfiança e concomitante retração libidinal do desejo por conhecer.

As relações de origem são consideradas como um microambiente no qual o sujeito satisfaz suas necessidades iniciais e recebe modos de tramitação dos conflitos e afetos, assimiláveis a tendências psíquicas que o sujeito tratará de superar ou repetir nas experiências posteriores.

No início de nossas pesquisas estávamos acostumados a separar em funções claramente diferenciáveis as exercidas pela mãe ou pelo pai da criança. Atualmente, a existência de novos e diferentes tipos de parentalidade abre possibilidades para que as relações iniciais sejam exercidas pela mãe, avó, irmã mais velha ou por um pai homossexual. O importante nessas relações é a estabilidade na transferência de carinho por parte do adulto que pensa pelo bebê e elabora para ele um projeto afetivo que vai prevenir qualquer risco existente.

A estrutura de sustentação e afeto necessária para a constituição psíquica satisfatória do sujeito não depende do gênero da pessoa, mas da sua riqueza afetiva e simbólica. As primeiras investigações clínicas, nas quais tentamos relacionar as experiências afetivas originais com os problemas de aprendizagem das crianças, estabeleceram relações entre a qualidade da sustentação libidinal recebida e a fragilidade afetiva, existente em muitas delas, para enfrentar as situações escolares. Quando as relações iniciais foram avaliadas como insuficientes, ameaçadoras ou traumáticas, a produtividade da criança mostrava-se rígida e restritiva. Assim, podemos supor que aspectos da riqueza psíquica da criança estão relacionados com a qualidade afetiva das funções parentais que as antecedem.

Para compreender a qualidade do exercício das primeiras funções de sustento e referências narcisistas associáveis ao legado libidinal, preferimos atualmente incorporar o conceito de estrutura enquadrante (Green, 2009), pela qual os adultos responsáveis pelo bebê são considerados como aqueles que oferecem um dispositivo estável, necessário e instituinte nos primeiros momentos da constituição psíquica do sujeito.

b) Tipo de funções parentais preponderantes

A primeira pesquisa da equipe de Psicopedagogia Clínica da Faculdade de Psicologia da Universidade de Buenos Aires (1989) descreveu diferentes tipos de funções maternas: atrapantes, expulsivas ou sustentadoras, consideradas como legados simbólicos e que transpassam as formas de relação do sujeito com o mundo. Nesse sentido, foi importante distinguir que a criança não recebia passivamente as marcas maternas, mas posicionava-se diante das mesmas definindo um tipo de relação da qual surgiam diferentes reações. Pode-se inferir, então, que a dinâmica intersubjetiva que se estabelecia no interior das relações de origem marcava caminhos possíveis a partir dos quais cada sujeito abria seus próprios atalhos até a conquista da simbolização e do mundo.

A constituição de um psiquismo suficientemente estável depende da possibilidade de o bebê vivenciar, desde o nascimento, experiências prazerosas na satisfação das necessidades biológicas. O abandono inicial produz sérios problemas para o funcionamento da atividade psíquica da criança.

A qualidade do funcionamento do desejo para o investimento de objetos sociais mantém uma estreita relação com as formas parentais a partir das quais o bebê se sustenta desde o início da vida. A partir desse primeiro legado, a criança responde e se posiciona de maneira singular e autônoma. Para conhecer o caminho da simbolização é necessário rastrear a riqueza libidinal recebida desde o nascimento, assim como a qualidade do posicionamento singular de quem a recebe.

c) Posicionamento da criança no interior da estrutura parental

Na primeira pesquisa realizada pela equipe da Cátedra de Psicopedagogia Clínica da Faculdade de Psicologia da Universidade de Buenos Aires, comprovou-se, também, que o psiquismo da criança se enriquecia quando entrava em contato com um novo tipo de propostas afetivas independentes das da primeira relação de assistência às suas necessidades biológicas.

As primeiras separações de um vínculo incondicional e protetor ingressam a criança num mundo de músicas, imagens, odores e ritmos que também aparecem como atrativos e potencialmente calmantes para o bebê. O abandono da dependência materna como exclusiva relação satisfatória requer algum atrativo complementar ao desejo de apropriação de novas propostas e ideias, representados pelo tipo de mundo que rodeia as relações parentais.

A riqueza emblemática dos adultos responsáveis pelo psiquismo do bebê, o tipo de objetos que oferecem, o ritmo em que disponibilizam a atenção, transferem também os primeiros esboços de confiança no mundo circundante.

Parafraseando Aulagnier (1977), podemos considerar que, em cada mamada o bebê faz a síntese em seu psiquismo, da herança transgeracional e dos traços de cultura em que se enquadram os adultos que o assistem. A riqueza emblemática de parte dos adultos e a história transgeracional sintetizada no particular momento do nascimento do bebê não são os únicos fatores determinantes da ativação do desejo por conhecer, já que pode acontecer que ideais extremos dos pais ou histórias complexas atravessadas pelos seus antecessores produzam inibições nas crianças com rigidez na organização do seu psiquismo.

O posicionamento da criança em relação aos seus progenitores não é aleatório, pois mantém ligações significativas com a qualidade da assistência recebida. Essa herança psíquica promove um trabalho de elaboração em busca de posicionamentos narcísicos cada vez mais autônomos em referência à complexidade simbólica recebida. Tal posicionamento nunca é linear nem repetitivo, mas reativo a um tipo específico de herança libidinal e transgeracional que o marca.

O realce da importância da vigência de aspectos históricos encerrados ou negados nas gerações anteriores pode aparecer posteriormente como aspectos a considerar na vida psíquica de cada sujeito, pois podem surgir como situações de sofrimento a elaborar e processar durante a constituição psíquica das crianças.

Muitos sujeitos atravessados por fortes carências iniciais reproduzem em gerações posteriores formas assistenciais compensatórias como modo de elaborar as restrições afetivas vivenciadas. Para compreender o tipo de posicionamento de cada criança, faz-se necessário elucidar o discurso de seus pais e distinguir a oferta libidinal para deduzir desta, as características do posicionamento atual da criança.

As formas de simbolizar de uma criança não estão exclusivamente marcadas pela qualidade da assistência libidinal recebida, mas pelos acontecimentos vitais significativos que ficaram acumulados em seu psiquismo. Aqueles que o marcaram restritivamente remetem a situações conflitivas de ordem afetiva que não puderam circular na busca de novas experiências de acesso ao prazer.

d) Realce dos conflitos predominantes no discurso parental

As vicissitudes e particularidades da vida de uma criança adquirem significação em suas formas atuais de organizar o mundo.

Aquelas que sofreram situações conflitivas caracterizadas por fortes aprisionamentos narcísicos, vazios representacionais, escassa assistência de base ou perdas muito intensas, podem apresentar uma consequente diminuição da confiança social necessária para organizar seus conhecimentos atuais.

As formas de elaborar situações traumáticas são também singulares. Muitas delas circulam libidinalmente e não produzem fixações ou restrições. Outras atualizam-se como conflitos não elaborados por parte dos pais que geram focos de atenção libidinal e atuam como foco de retenção da energia psíquica da criança. Essas restrições podem repetir-se e transferir-se à criança, que torna-se atravessada por formas parciais de relação com a realidade e formas frequentemente associadas a situações conflitivas vividas e existentes na história transgeracional de cada criança.

As situações conflitivas não elaboradas aparecem no diagnóstico como marcas que enrijecem as produções da criança, capturam sua energia psíquica e reduzem o desejo de circulação pelo mundo do conhecimento. Toda criança atravessa problemas, carências e conflitos, a partir dos quais o psiquismo pode perder sua força ou vitalizar-se para buscar estratégias que permitam o acesso a um mundo de maior satisfação que a proposta por essas situações.

Os conflitos existentes se transformam em restritivos e inibitórios quando não encontram formas de descarga ou elaboração. Quando pais e filhos desconsideram as perguntas e sua focalizam a atenção na falta, sem nenhuma possibilidade elaborativa ou de busca por novas formas de expansão psíquica, podem atravessar situações de sofrimento que diminuem a produtividade psíquica da criança.

e) Situações traumáticas vividas

Ocultar as situações angustiantes das crianças (adoção, morte de entes queridos etc.) pode ser pensado como focos conflitivos que capturam a energia psíquica da criança e diminuem as oportunidades de busca de novas formas e caminhos para uma circulação libidinal gratificante.

As situações conflitivas para os adultos podem ser passadas para a criança em espaços compreensíveis e afetivamente estáveis, quando conseguem circular pelas mesmas de forma plástica. O divórcio dos pais, por exemplo, pode adquirir características restritivas para a criança quando aparece como uma situação intensamente agressiva e destrutiva. Quando surge como uma decisão na qual a criança encontra espaços de respeito suficientes para circular pelo mundo (adequado regime de visitas, níveis afetivos de atenção adequados às suas necessidades por parte de ambos os pais), a referida separação pode ser vivenciada como uma oportunidade expansiva, com novos espaços de estabilidade, maiores do que os que caracterizaram os momentos nos quais os pais brigavam e se agrediam.

As situações vivenciadas pela criança só se transformam em traumáticas quando se repetem de forma destrutiva, insistente e não encontram canais expansivos para circular evitando o sofrimento reiterado.

Conclusão

Poderíamos considerar que a dinâmica na constituição do psiquismo de uma criança está ancorada na qualidade, estabilidade e riqueza de suas relações intersubjetivas iniciais através das quais os adultos responsáveis transferem ao psiquismo do bebê a confiança e o afeto necessários para instituir nele o desejo de conquista dos objetos sociais.

O tipo de organização intrapsíquica de cada sujeito extrai sua riqueza da qualidade das primeiras relações, mas está condicionada à adaptação das situações vitais, à manutenção da estabilidade dos adultos na oferta afetiva que se oferece à criança e à tolerância às diferenças por parte do bebê para responder às mesmas.

As formas atuais de organização da atividade psíquica da criança permitem deduzir através dos distintos modos de produção simbólica os caminhos percorridos desde suas relações de origem até a constituição de um posicionamento autônomo.

Muitas crianças permanecem presas na intensidade das primeiras relações. Nesses casos, a produtividade e a complexidade de sua atividade psíquica se constituem de maneira empobrecida e insuficiente. Outras, precocemente expulsas das relações libidinais, sofrem de vazios representacionais e afetivos que fragilizam a autonomia necessária para constituir-se psiquicamente.

A tolerância à diferença e o desejo de apoio da parte dos adultos marcam as produções psíquicas de forma heterogênea, que permitem o acesso ao mundo de forma mais plástica e dinâmica.

Sintetizando os pressupostos para a compreensão dinâmica dos problemas de aprendizagem, temos o seguinte:

a) as crianças com problemas de aprendizagem apresentam restrições em sua produtividade simbólica;

b) as restrições no processo de simbolização do sujeito têm antecedentes histórico-subjetivos caracterizados pela forma do quadro edípico e contextual com o qual a criança se constitui;

c) alguns antecedentes traumáticos não elaborados e conflitos não resolvidos podem incidir na constituição subjetiva da criança e atuar como elementos inibitórios e restritivos na sua relação com os objetos sociais;

d) as diferentes formas de produtividade simbólica de uma criança podem encontrar uma justificativa histórico-subjetiva e se expressam no modo de relação que esta tem com o conhecimento e com o desejo pela incorporação de novidades;

e) a clínica psicopedagógica permite intervir desde as formas específicas de produtividade simbólica característica de cada criança, para relacioná-las com seus antecedentes históricos;

f) existem segredos e situações transgeracionalmente conflitivas ou negadas que podem incidir nos mecanismos inibitórios do desejo de conhecer e marcam formas restritivas na produção simbólica da criança;

g) os antecedentes que incidem na produtividade simbólica da criança não são aleatórios, mas referem-se àqueles comprometidos nos conflitos não elaborados da problemática edípica dos pais da criança;

h) a complexização da produção simbólica da criança se concretiza quando pode substituir aspectos restritivos comprometidos nas relações primárias pela expansão prazerosa da atividade psíquica dirigida a novos objetos sociais;

i) para realizar o diagnóstico dos problemas de aprendizagem atuais de uma criança e identificar as formas prevalentes de produção simbólica, não é sufuciente conhecer suas dificuldades escolares, mas aceder à interpretação clínica destas, tratando de relacioná-las com os antecedentes históricos que podem tê-las condicionado;

j) uma leitura dinâmica dos problemas de aprendizagem inclui a possibilidade de estabelecer as formas de circulação da energia psíquica da criança com dificuldades escolares nos distintos momentos da constituição do seu psiquismo;

k) durante o enriquecimento psíquico da criança, surgem oportunidades de transformar as formas libidinais e simbólicas herdadas;

l) os efeitos posicionais e as formas elaborativas da criança em relação às funções parentais herdadas podem ser deduzidos no diagnóstico psicopedagógico, quando se atualizam e se mostram formas de sua relação com o mundo nas diferentes etapas da constituição do seu psiquismo;

m) as restrições na produtividade simbólica de uma criança podem ser avaliadas pelas características e complexidade que adquire sua atividade representativa (modos de escrever, ler, narrar, ou enfrentar situações problemáticas);

n) o diagnóstico psicopedagógico permite oferecer uma interpretação clínica das restrições na atividade representativa da criança para correlacioná-las significativamente com os antecedentes históricos, libidinais e transgeracionais escassamente elaborados pelos seus antecessores.

Referências

Aulagnier, P. (1977). *La violencia de la interpretación.* Buenos Aires: Amorrortu Editores.

_____. (1984). *Los destinos del placer.* Barcelona: Argot.

_____. (1986). *El aprendiz de historiador y el maestro brujo.* Buenos Aires: Amorrortu.

Bleichmar, S. (1987). *En los orígenes del sujeto psíquico.* Buenos Aires: Amorrortu.

Bowlby, J. (1998). *El apego y la pérdida.* España: Paidós.

Castoriadis, C. (1993). Lógica, imaginación, reflexión. In Dorey, Castoriadis et al. *El inconsciente y la ciencia* (pp. 42-67). Buenos Aires: Amorrortu Editores.

_____. (1998). *Hecho y por hacer. Pensar la imaginación.* Buenos Aires: Eudeba.

Green, A. (2005). *Ideas directrices para un psicoanálisis contemporáneo. Desconocimiento y reconocimiento del inconsciente.* Buenos Aires: Amorrortu Editores.

_____. (2007). *Jugar con Winnicott.* Buenos Aires: Amorrortu Editores.

Schlemenson, S. (2001). (Org.). *Niños que no aprenden. Actualizaciones en el diagnóstico psicopedagógico.* Buenos Aires: Paidós.

_____. (2004). *Subjetividad y lenguaje en la clínica psicopedagógica.* Buenos Aires: Paidós.

_____. (2009). *La clínica en el tratamiento psicopedagógico.* Buenos Aires: Paidós.

Os professores: concepção e representação da inteligência, prática pedagógica e aprendizagem

* * *

Marsyl Bulkool Mettrau

Este capítulo apresenta resultado de pesquisa sobre o impacto das concepções e representações de inteligência elaboradas por alguns professores sondados na sua prática docente.

Trata-se de análise reflexiva de questões relacionadas à aprendizagem a partir de estudo envolvendo 275 professores do Brasil e de Portugal. Após a realização do mesmo e ao longo destes últimos anos, a autora manteve-se articulada com diferentes grupos de professores do Ensino Fundamental I e II, acompanhando-os através de participação em capacitações, seminários e debates, no que se refere às modificações do seu conhecimento sobre os temas aqui tratados. Destina-se, portanto, a fazer a ligação entre temas implicados com aprendizagem dos quais selecionamos um recorte voltado para inteligência humana e o que é considerado ser característica do aluno inteligente. Inferiu-se que os conceitos de aprender, ensinar, ser inteligente, ser criativo, entre outros, intercomunicam-se e são cunhados junto ao público de maneira geral (famílias, alunos, professores etc.) e de maneira especial e persistente ao longo dos anos e em diversas culturas.

É necessário ser inteligente para aprender e é importante ser criativo para criar e inovar, duas necessidades para o adiantamento do mundo e o bem-estar do grupo social. Para os professores sondados nesta pesquisa, ser inteligente é diferente de apresentar características inteligentes bem, como ser criativo é diferente de ser inteligente. As respostas dos professores participantes neste estudo refletem uma menor identificação da inteligência com aspectos teóricos mais recentes e sugerem poucas referências à inteligência prática, à motivação, à aptidão verbal, à inteligência social ou às aptidões artísticas. Por outro lado, os professores deste estudo referem os processos básicos da cognição (estar atento, discriminação fácil), mas a memória resulta pouco mencionada.

Em termos gerais, podemos afirmar que se verifica neste estudo certa similaridade de respostas nos dois países (Portugal e Brasil). No que se refere às categorias, temos para a 1ª Questão: Adaptação; Aptidão Verbal; Aptidão/QI; Aptidão Artística; Compreensão; Criatividade; Pensamento Crítico; Aptidão Escolar; Inteligência Prática; Investigativo; Memória; Metacognição; Motivação; Processo Básico; Raciocínio; Resolução Problemas; Aptidão Social; Velocidade, Outros. As categorias mais presentes foram as que tomam a inteligência como capacidade de resolução de problemas (cerca de um terço dos professores), capacidade de compreensão ou fácil entendimento, capacidade de adaptação a novas situações ou problemas e a capacidade de raciocínio abstrato. As categorias menos frequentes foram a inteligência como talento e aptidões artísticas, riqueza e fluência vocabular, motivação e persistência nas tarefas, metacognição, memória e habilidades práticas. De salientar as baixas referências às competências escolares e verbais. Considerando essas três categorias mais frequentes de respostas, podemos afirmar que os professores se aproximam, nas suas opiniões, das leituras mais atuais da Psicologia, em que a inteligência surge definida como uma capacidade geral de o sujeito resolver problemas, compreender e adaptar-se às situações. Em quarto lugar, surgem as definições de inteligência no sentido de aptidão cognitiva, por exemplo, a inteligência como raciocínio. Esse tipo de resposta é mais frequente no Brasil (21%) do que em Portugal (12%). Quanto a 2ª Questão, temos as seguintes categorias: Diversas Atividades; Capacidade de Análise, Aptidão Artística, Aptidão Física, Aptidão/QI, Capacidade de Atenção, Capacidade Acadêmica, Capacidade de Autocontrole, Capacidade de Julgamento, Compreensão, Criatividade, Facilidade de Aplicações, Inteligência Prática, Inteligência Social, Integração Pessoal, Interdisciplinar, Liderança, Memória, Metacognição, Motivação, Raciocínio, Resolução de Problemas, Capacidade de Síntese, Velocidade, Outros.

Foram sondados 275 professores, sendo 43,6% brasileiros e 56,4% portugueses, e o estudo realizou-se através da abordagem dos professores em três diferentes momentos durante a sua realização. Foram definidas dezenove categorias para organizar as respostas à 1ª Questão: "Como é que os professores concebem ou representam a inteligência?" e para a 2ª Questão: "Indique três características que possam definir um aluno inteligente" foram organizadas 25 delas.

Tabela 1 – Caracterização da amostra dos professores											
País	Sexo		Idade		Anos de Prática		Nível de ensino		Gosto		Meio Escolar	
	M	F	M	DP	M	DP	1	2	?	S	N	?	U	R
Brasil	16.9	83.1	16.4	8.60	13.8	7.61	30.8	49.2	20.0	90.8	4.2	5.0	79.2	20.0
Portugal	23.2	76.8	37.3	8.35	15.1	7.94	53.5	41.9	4.5	82.6	1.3	16.1	53.2	46.8
Geral	36.9	8.46	14.5	7.80	43.6	45.1	11.3	86.5	2.9	10.9		64.4	35.7	

? – ausência de respostas ou indecisão do professor

Nesta Tabela 2 as respostas para cada uma das categorias relativas à 1ª Questão: "Como é que os professores concebem ou representam a inteligência?".

Tabela 2 – Frequência das categorias descritivas da definição de inteligência			
CATEGORIAS	BRASIL	PORTUGAL	GERAL
Adaptação	13.3	20.0	17.1
Aptidão Verbal	0.8	-	0.4
Aptidão/QI	12.5	11.6	12.0
Aptidão Artística	0.8	-	0.4
Compreensão	25.0	24.5	24.7
Criatividade	6.7	8.4	7.6
Pensamento Crítico	3.3	3.9	3.6
Aptidão Escolar	2.5	8.4	5.8
Inteligência Prática	3.3	1.9	2.5
Investigativo	2.5	4.5	3.6
Memória	1.7	1.9	1.8
Metacognição	3.3	-	1.5
Motivação	0.8	0.6	0.7
Processo Básico	7.5	10.3	9.1
Raciocínio	20.8	12.3	16.0
Resolução Problemas Aptidão	35.0	28.4	31.3
Social	8.3	11.0	9.8
Velocidade	9.2	1.9	5.1
Outros	6.7	4.5	5.5

No que se refere à 2ª Questão: "Indique três características que possam definir um aluno inteligente", esses professores responderam indicando três delas: criatividade, capacidade de compreensão e capacidade de resolução de problemas. As aptidões físicas não foram mencionadas e as aptidões artísticas, a metacognição, o autocontrole e a liderança foram as características menos mencionadas pelo conjunto dos dois grupos de professores.

Interessante o número relativamente elevado dos professores deste estudo que tomam o aluno inteligente como criativo, sobretudo porque na definição de inteligência tal percentagem era menor e porque conhecemos a dissociação frequente na escola entre inteligência e criatividade. Mais uma vez, parece-nos que os professores tomaram vivências pessoais na resposta à 2ª Questão: "Indique três características que possam definir um aluno inteligente" e respostas mais gerais na 1ª Questão que é: "Como é que os professores concebem ou representam a inteligência?".

Tabela 3 – Frequência das categorias descritivas do aluno inteligente			
CATEGORIAS	BRASIL	PORTUGAL	GERAL
Diversas Atividades	6.7	12.3	9.8
Capacidade de Análise	13.3	11.6	12.4
Aptidão Artística	1.7	-	0.7
Aptidão Física	-	-	-
Aptidão/QI	0.8	5.8	3.6
Capacidade de Atenção	13.3	10.3	11.6
Capacidade Acadêmica	6.7	6.5	6.5
Capacidade de Autocontrole	0.0	1.3	0.7
Capacidade de Julgamento	15.6	22.5	10.3
Compreensão	30.0	33.5	32.0
Criatividade	35.8	32.9	34.2
Facilidade de Aplicações	13.3	26.5	20.7
Inteligência Prática	17.5	17.4	17.5

Tabela 3 – Frequência das categorias descritivas do aluno inteligente			
CATEGORIAS	BRASIL	PORTUGAL	GERAL
Inteligência Social	13.3	14.8	14.2
Integração Pessoal	0.8	2.6	1.8
Interdisciplinar	5.0	6.5	5.8
Liderança	1.7	0.6	1.1
Memória	1.7	7.1	4.7
Metacognição	-	0.6	0.4
Motivação	5.8	9.7	8.0
Raciocínio	25.0	20.0	22.2
Resolução de Problemas	20.0	31.0	26.2
Capacidade de Síntese	8.3	4.5	6.2
Velocidade	20.8	7.7	13.5
Outros	9.8	11.7	8.4

Resultados

Analisando-se em termos estatísticos essas discrepâncias, verificamos um maior número de diferenças estatisticamente significativas: capacidade de resolução de problemas ($X^2=9.95$; gl.=1; $p<.001$), capacidade de memória ($X^2=4.23$; gl.=1; $p<.05$), aptidão mental ou Q.I. ($X^2=4.77$; gl.=1; $p<.05$), facilidade de aplicação de conhecimentos ($X^2=7.08$; gl.=1; $p<.01$) e capacidade de julgamento ($X^2=7.60$; gl.=1; $p<.01$).

A grande maioria dos professores deste estudo refere gostar da sua profissão (91% no Brasil e 83% em Portugal). Essa alta percentagem poderá suscitar algumas reservas. No entanto, sabemos que o descontentamento, algumas vezes verbalizado, se centra mais nas condições de trabalho e no estatuto profissional do que no gosto pela sua profissão.

O julgamento e a disponibilidade dos professores aqui sondados em relação aos alunos se modificam a partir do conceito que ele tenha do construto inteligência. Esses professores também ensinam e avaliam com base, muitas vezes, naquilo que pensam ser inteligência e o que pensam ser características do aluno inteligente e não no que verdadeiramente é. Alguns conceitos mais atuais sobre inteligência humana são apresentados concluindo-se que é necessário muita informação aos professores acerca desse tema, pois ele interfere tanto na vida infantil quanto adulta de cada um de nós, modificando a disposição para aprender e as possibilidades de aprendizagem.

Para possibilitar o atingimento dessa proposta é necessário ao professor estar permanentemente conectado na atualização de seus conhecimentos e de sua prática, pois as produções científicas, em todos, os campos, indicam multiplicidade de conceitos em cada campo de estudo, alguns deles conciliáveis e outros tantos irreconciliáveis. Vamos tomar como conceito de aprendizagem a mesma vista como produto e produtora de vida, um processo que não se dá apenas a partir da relação professor-aluno na sala de aula. Ao considerarmos a variabilidade das relações que promovem aprendizagem, percebemos que elas vão se produzindo do início ao fim da existência (Andrade, 2009).

Pesquisas e publicações das condições pedagógicas atuais ganharam impulso, fundamentalmente, em duas perspectivas. A primeira, relativa ao estudo dos problemas ligados aos métodos de ensino, e a segunda, com respeito ao estudo dos aspectos relacionados às relações professor-aluno. Observa-se que as escolas, em geral, e os atos pedagógicos, em especial, nem sempre atendem à sua função principal numa sociedade em rápida evolução, voltada para o futuro e para o progresso. O professor é um dos profissionais que lida mais próxima e precocemente com cada um de nós. Por outro lado, é importante que ele saiba que, no exercício da sua prática pedagógica quotidiana, é também um pesquisador e, por conseguinte, pode e deve contribuir para elucidar questões existentes e consequentes do próprio exercício da sua profissão, pois é na prática pedagógica diária que se configuram, nos primeiros anos da vida de cada um de nós, as primeiras dúvidas, certezas, comparações e influências sobre se somos ou não inteligentes; o quanto somos ou não inteligentes; ou por que somos mais ou menos inteligentes em relação a outros. Todos, de maneira geral, temos um referencial, um saldo, positivo ou negativo, desses primeiros anos e dessas primeiras representações acerca de nós mesmos. Nesta altura, não nos interessa, apenas, a questão o que é a inteligência, pois igualmente são pertinentes outras questões, tais como: para que serve essa inteligência que o homem possui? como ele a utiliza? por que, em determinadas tarefas e/ou períodos da sua vida, ele expressa pouca ou muita inteligência? De qualquer modo, as consequências desse processo de reexaminar o conceito da inteligência humana certamente logo aparecerão, trazendo contribuições preciosas e demonstrando ser de importância capital, tanto pelos seus produtos ou ideias, quanto pelo teor de curiosidade que lhe estão subjacentes.

Podemos pensar que a forma menos positiva como alguns conceitos são hoje assumidos na Educação (QI, Memória) explicará a sua menor referência por parte dos professores já mencionados como participantes. São poucas as referências à metacognição (2%); capacidade crítica e espírito investigativo (4%). Pelo contrário, verifica-se uma taxa relativamente alta de respostas apontando a velocidade da realização cognitiva na definição da inteligência (sobretudo junto dos professores brasileiros aqui sondados). Comparativamente às respostas que poderíamos pensar mais esperadas, como por exemplo, a inteligência como capacidade para aprender ou para aprender de forma mais fácil ou, ainda, como aptidão verbal que é muito valorizada em nosso grupo social não o foram.

Interações entre prática pedagógica, inteligência humana e contextos culturais

Neste estudo, a prática pedagógica tratou, entre outros aspectos, dos contextos culturais visando compreender sua importância. Tal prática não envolve só o professor, o aluno, a escola, ou os programas isoladamente, pois a aprendizagem é um todo e jamais poderá ser entendida como algo isolado, estanque ou em partes. No percurso pedagógico analisado ao longo das últimas décadas pelos estudiosos do tema, tem-se que um dos aspectos mais preocupantes no sistema educacional refere-se ao chamado fracasso escolar. Educadores com diferentes ópticas em Educação definem e estudam essa situação basicamente sob os seguintes ângulos: o fracasso escolar aparece alternativamente como o fracasso dos indivíduos, o fracasso de uma classe social, ou o fracasso de um sistema social, econômico e político.

O que tem a ver fracasso escolar, representação, inteligência, prática pedagógica e aprendizagem? Em princípio, todos esses fatores desembocam no mesmo ponto em que terminam por serem intermediários dessa dinâmica que favorece ou não, em maior ou menor intensidade, a aprendizagem sem esquecer que ela mesma também possui uma dinâmica própria. Há um defasamento entre o debate realizado junto das pessoas na prática e a produção intelectual nessa mesma prática, isto é, no fórum da academia. Não tem sido também tarefa fácil unir o discurso sobre as teorias da educação, as contribuições da psicologia escolar e outras disciplinas com a prática pedagógica e questões da aprendizagem, isto é, aquelas situações abrangentes que acontecem no quotidiano do aluno e do professor e na própria vida em geral, pois se aprende na vida também, embora sem tanta sistematização e a partir das necessidades.

Essa prática está, obviamente, inserida numa situação institucional bombardeada por aparatos burocráticos que, muitas vezes, ultrapassam e sobrecarregam o verdadeiro sentido do processo educativo. Os estudos de apresentação das teorias da educação não explicam como se dá a articulação dessas teorias com a prática e a prática aparece quase como uma ilustração da teoria, o que não é nem o desejável, nem o real. Consequentemente, o professor, insatisfeito, acaba por reforçar o ponto de vista do senso comum ou o da racionalidade técnica que estabelece a oposição entre teoria e prática. As chamadas teorias modernas (aqui denominadas quando entram em moda) modificam, também, as concepções que o professor já têm sobre diversos aspectos relacionados ao seu aluno, como aluno e como pessoa. De repente, o aluno considerado o mais inteligente deixa de ser o mais rápido e passa a ser o mais reflexivo; ou o mais criativo ou o que se organiza melhor, o mais envolvido, entre outros modelos possíveis.

À representação que o professor já tem, acrescentam-se novos dados ou informações, às vezes diametralmente opostas ao que ele pensava até então, quer sobre inteligência, quer sobre a prática pedagógica e aprendizagem. Cada modelo (ou postura) de professor terá uma consideração diferente sobre qual o tipo de aluno ele classifica ou considera mais ou menos inteligente e, nessa perspectiva, é aquele que aprende mais ou melhor e com mais facilidade. Para alguns, será aquele que reelabora e discute dissertativamente; para outros, será aquele que realmente reproduz, com a melhor qualidade possível, a leitura do livro de texto utilizado. Nesses casos, será que o professor consegue relacionar o que a Psicologia, através das suas diferentes escolas, conceitua como inteligência e com formas de aprender? Ou será que esse professor vai mudando o próprio conceito de inteligência de acordo com os resultados obtidos na sua prática pedagógica? É, na verdade, uma grande questão porque ensinar supõe fazer alguém ascender a um grau ou a uma forma de desenvolvimento intelectual e pessoal considerado desejável.

Cada sujeito social constrói de modo único e criativo a sua compreensão individual e coletiva dos significados sociais, a sua aprendizagem. Os significados, por sua vez, são representados tanto pela linguagem falada como pelos gestos, sinais e linguagem corporal.

O tipo de relação entre a Psicologia Escolar e a Educação, às vezes, se constitui em problema ou dificuldade porque a Psicologia Escolar é vista como responsável por explicações e respostas a questões originadas na pratica diária da escola, passando assim a validar posições nem sempre as mais positivas do ponto de vista educacional.

Pensamos que a Psicologia Escolar deve dialogar, como campo teórico, com outras áreas das ciências sociais que tenham, também, o processo de desenvolvimento humano como objetivo de estudo, tais como a Antropologia e a História, por exemplo, para oferecer à Educação uma visão mais ampla do processo de desenvolvimento e do conhecimento. Assim, ficaria garantido a esse campo do saber o estudo dos aspectos psicológicos que nascem a partir desse viver no campo sociorrelacional e no campo afetivo-emocional de cada aluno. Também no estudo e na compreensão do processo ensino-aprendizagem está Vygotsky (2007), quando apresenta o conceito de zona de desenvolvimento proximal (algumas vezes traduzido por "zona do desenvolvimento próximo"), um espaço dinâmico, de "sensibilidades", onde as pessoas, presentes ou em memória, estariam afetadas umas pelas outras, possibilitando o avanço do desenvolvimento cognitivo. A sua teoria do desenvolvimento recupera a importância dos aspectos emocionais, mediadores do mundo físico, ideológico e social, ou seja, dá um lugar central à dimensão afetiva (Vygotsky, 2007). Segundo esse autor, a emoção é o instrumento privilegiado da espécie humana, sendo, portanto, o primeiro e mais forte vínculo entre os homens e as suas culturas (Vygotsky, 2007).

O nosso quotidiano, mediado pelas nossas representações mentais, contém um vasto conjunto de reforços que, na grande maioria das diferentes culturas, acompanha o ser humano desde o seu nascimento e incorpora-se nele, justamente, através da representação adquirida diariamente, em que um sorriso significa aprovação e um olhar ou um tom de voz mais sério, desaprovação. Enfim, crescemos e vivemos períodos escolares e, mais tarde, profissionais, convivendo, a cada minuto, com uma série de comportamentos que funciona para cada um como pista de boa ou má aceitação, concordância ou discordância.

Falamos da palavra, do olhar ou do sorriso, mas igualmente podemos referir-nos aos gestos, ao posicionamento na sala de aula, à expressão gestual e corporal como fortes indicadores de reforços ou de punição em permanente ou natural uso pelos professores em suas práticas pedagógicas. Alguns elementos devem ser ressaltados, portanto, nessa perspectiva. Em primeiro lugar, a expectativa de reforços ou de sucesso diz respeito à probabilidade ou crença do indivíduo de poder alcançar os alvos desejados importando, aí, não a situação objetiva em si, mas, sobretudo, como ela é percebida e avaliada. Falamos aqui também, por exemplo, da confiança pessoal e interpessoal (expectativa de poder ou não contar com outra pessoa ou grupo e procurar soluções alternativas). Em segundo lugar, o valor do reforço, considerando-se valor como a grande diferenciação na apreciação ou não que as diferentes pessoas atribuem em relação a estes.

Por último, é de referir a situação psicológica em causa ou a interação do indivíduo com o meio. Nessa interação conta mais o modo como o indivíduo aprende do que a realidade concreta daquilo que aprende. Pensamos que, mais do que novas teorias, é necessário compreender as muitas já existentes, unindo as suas partes comuns para um benefício maior e mais imediato de cada sujeito, de cada pessoa (Sternberg, 2000).

No que se refere aos professores e às suas práticas pedagógicas com vistas a aprendizagem, a pulverização de teorias e correntes, nem sempre apresentadas com os seus pontos comuns, leva-os a certo desânimo. Esse desânimo, e até descrédito, expressa-se através da insegurança deles sobre qual o autor que sustenta a base teórica no exercício de sua prática pedagógica e de seus bons ou maus resultados. A questão que se poderia colocar é: até que ponto beneficia, tanto a ele quanto aos seus alunos, conhecer ou ouvir falar de inúmeros autores e de aspectos isolados ou partidos das várias teorias existentes, chamadas de tempos a tempos mais modernas, sem se ter segurança para afirmar qual delas está sendo utilizada em sua prática? O nosso trabalho de docência e pesquisa mostra claramente todas essas perplexidades por parte da maioria dos professores.

Nos encontros agendados com os professores deste estudo e já citados neste capítulo, muitos deles, e em ambos os países (Portugal e Brasil), expressaram certo descontentamento com leis e reformas que são informados e obrigados a cumprir e sobre as quais nada lhes foi perguntado. Há reflexo dessa situação, pois conhecer não é saber, isto é, tem sido usual para os professores, em geral, ouvirem falar e até lerem sobre certos modernismos psicopedagógicos sem terem sido consultados sobre como poderiam realizá-los na sua prática subjacente. De novo um defasamento se estabelece entre conhecer e saber usar conhecimentos considerados importantes que, às vezes, marcam época e discursos vistos como a moda educacional.

Pode-se entender a motivação para a realização como traduzindo a capacidade pessoal em investir em situações nas quais se luta para alcançar o sucesso nos níveis mais altos de realização, tanto em relação a si próprio como em relação aos outros. Já o medo do fracasso (um outro lado dessa mesma questão) suscita certo grau de ansiedade que tanto pode ser estimulante quanto debilitante, dependendo de cada pessoa. Assim, e contrariamente a algumas posições, a motivação não tem sido entendida como um traço interno e estável em todas as pessoas e situações e tem, inclusive, sido considerada por um grupo de autores como um componente da inteligência. Ainda, mais atualmente a motivação no contexto escolar e fora dele vem sendo estudada, tanto na Psicologia quanto na Educação, sob novos ângulos, como diz Bzuneck (2001).

Dinâmica da relação professor-aluno e aprendizagem

Esta relação não é, como pode parecer à primeira vista, binária, isto é, não envolve apenas dois elementos. Muito pelo contrário, está inserida na relação de trocas de significados aprendidos e transformados na interação e na socialização. Faz-se empatia, pela simpatia, pela oposição, pela diferenciação e pelo confronto de papéis e de ideias. Outro aspecto a ser levado em conta nessa relação é a modificação pela qual tem passado o próprio conceito de inteligência e, consequentemente, a relação desse conceito com o conceito de desempenho e de aprendizagem. Fazendo uma maior aproximação entre inteligência, cognição e aprendizagem, teremos como resultado uma visão menos intelectual do desempenho cognitivo, bem como a possibilidade de uma maior integração da dimensão psicológica ao processamento da informação e às representações pessoais.

A definição de inteligência vai, aos poucos, deixando de ser algo tradicionalmente entendida como característica interna da mente para ser compreendida, também, como característica externa do meio. Alguns autores definem e compreendem a inteligência muito mais no sentido de um conjunto de processos, conhecimentos e estratégias que são utilizados pelas pessoas diante de tarefas ou problemas. Preocupam-se não com quão inteligente é o sujeito, mas com o modo como usa a sua inteligência. Tomam relevância, também, os estudos sobre os estilos cognitivos, ou seja, as formas pessoais de apreensão, integração e análise dos conhecimentos externos, organização, processamento da informação e experiência ou resolução de problemas. Dentre esses estilos cognitivos, o que tem sido mais estudado é o da divergência/convergência de pensamento que aponta, com justa razão, quanto os estudos da inteligência sobrevalorizam os aspectos mais diretamente ligados à aptidão mental e ao desempenho dos indivíduos com vistas ao raciocínio e à abstração (pensamento convergente). A partir dos variados pontos de vista discutidos neste estudo e na prática acadêmica, criamos um diagrama que facilitasse a compreensão dos pais, professores e outros profissionais com formação distanciada dos estudos sobre inteligência e sobre o funcionamento humano inteligente.

O diagrama de Mettrau (2007) apresenta três diferentes expressões da inteligência humana e de seu funcionamento.

> O criar, o conhecer e o sentir são as diferentes expressões da inteligência humana. É possível ao homem expressar sua inteligência de variadas maneiras e formas porque ele é capaz de criar (criação), perceber e conhecer o que cria (cognição) e sentir emoções acerca de [...]. (Mettrau, 2007, p. 207)

Figura 1 – Diagrama do funcionamento da inteligência humana

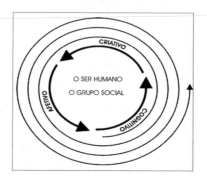

Em Mettrau (2007) há o entendimento e a interpretação de que a inteligência humana se exprime e se expressa na interação entre o criar (criação), o sentir (emoção) e o conhecer (cognição). Percebe-se, nesse diagrama, que

tal funcionamento é um processo dinâmico, sem local de início nem de fim e sem hierarquia que englobaria três expressões distintas mas indissociáveis. Essas expressões se iniciam, se realizam e se desenvolvem no contexto do grupo social, isto é, o homem não existe, não se realiza nem se desenvolve fora do grupo social. Antigamente, havia uma linha divisória muito nítida entre razão e emoção, e muitos foram os autores e estudiosos que se dedicaram a um ou a outro desses dois campos de estudo, tratando-os quase como inimigos até mesmo irreconciliáveis.

Hoje, após uma profunda revisão das várias questões ligadas ao ser humano, mediante contribuições das Neurociências, Genética, Biologia, Antropologia, Psicologia, Inteligência das Máquinas e outros campos de estudo, há contribuições novas a cada hora e essa dicotomia (razão/emoção) vem se transformando, lenta, vagarosa, mas visivelmente, como deve realmente acontecer. A espécie humana é dotada da possibilidade de criar, sentir e aprender, e esses campos ou aspectos têm seu funcionamento não hierarquizado, apresentando ainda comportamentos inteligentes cada vez mais diferenciados, conforme demonstram as invenções e as descobertas que auxiliam a evolução de nosso mundo e nos empurram sempre para além do presente numa projeção constante para o futuro a partir do passado.

A inteligência humana só pode ser entendida dentro de um determinado contexto social. Diferentes culturas definem de maneira própria o que é considerado um comportamento inteligente em uma cultura determinada. Nessas considerações, incluem-se formas pessoais de apreensão, integração e análise dos acontecimentos externos, organização e processamento da informação, bem como da experiência e resolução de problemas e como cada um faz sua aprendizagem, pois existem diferentes formas de demonstrar e/ou usar a inteligência que todos temos. O homem pertence a uma espécie e, assim, possui uma programação biológica específica, que vem se modificando ao longo dos milhares de anos de humanidade.

As diferentes expressões da inteligência humana (*uma* e *não múltiplas*) estariam agrupadas em três grandes possibilidades: a cognição (aprender), a criação (o criar) e a emoção (o sentir), Mettrau (2007). Com base nesse ponto de vista teórico, percebe-se que as produções ou realizações do homem passariam, necessariamente, por esses três grandes aspectos ou expressões. Só o homem conhece (aprende) e sente aquilo que cria. Assim, a criatividade é também uma dimensão da inteligência humana e todos a possuímos, variando, apenas, os níveis e as intensidades da motivação de seu uso. Não existe inteligência emocional, mas, sim, emoção na inteligência, o que é incrivelmente diferente. É sabido que muitas pessoas deixam de expressar/demonstrar a sua inteligência quando estão bloqueadas por problemas ou situações difíceis interferindo, modificando ou mesmo impedindo a aprendizagem.

Tal fato, certamente, influencia a representação que o professor tem de inteligência e a dinâmica da aprendizagem. Características e comportamentos tais como a intuição do aluno, a sua curiosidade e criatividade são processos pouco valorizados na escola. Olhando sob essa óptica, a escola e os professores têm uma importante função educativa na aprendizagem: ensinar a pensar considerando-se o pensar a ferramenta que mais auxiliará o aluno, dentro e fora da escola, quando estudantes ou quando profissionais.

Algumas mudanças conceituais trarão, também, outras profundas modificações no que se refere à prática pedagógica, a qual caminha, ainda que lentamente, para uma perspectiva mais atualizada de compreensão da inteligência e da aprendizagem. Por outras palavras, um aluno ativo, que interage com seu professor e com seus companheiros, e tem consciência dessa ação interativa, tem grande peso no processo denominado prática pedagógica que é auxiliar, também, no processo da aprendizagem. Algumas argumentações procuram focar a atenção do docente no sujeito que aprende, para as suas motivações e as suas capacidades pessoais, lembrando, assim, o papel mediador da escola.

A pedagogia não pode desprezar o fator motivacional ou tender a apresentar um saber definitivo e tranquilizador para o desafio da inteligência. Ao contrário, deve tentar levar o aluno a procurar o conhecimento, colocando-o numa permanente busca que é uma situação geradora de tensão e descoberta e não de perfeição acabada. Começam aí os problemas relacionados com as questões de inteligência, da prática pedagógica e da aprendizagem. Justamente por conta das inúmeras funções que não têm sido cumpridas por algumas escolas (sem pretensões de analisar aqui as múltiplas razões e causas dessa situação), acompanhamos que, usualmente, os estudantes são solicitados a dar respostas convencionais que, na maioria das vezes, acabam por impedi-lo de fazer novas descobertas e inibi-lo a achar novas e diferentes soluções para as questões. Todo esse processo despista o professor do referencial do aluno que, muitas vezes, é classificado, nomeado e até mesmo rotulado de pouco inteligente ou sem inteligência para Matemática ou outra área de conhecimento. E esse aluno cresce percebendo o quanto é incapaz ou lento para aprender.

A aprendizagem é afetada e, às vezes, deixa de acontecer. Há um pressuposto de que o professor deve trabalhar sabendo que seu aluno é capaz de aprender mesmo quando é miseravelmente pobre. Portanto, espera-se que o professor esteja amplamente equipado com técnicas e conhecimentos que o auxiliem a ensinar ao aluno, levando em conta também as diversas formas sistemáticas que cada cultura possui para realizar e viver a relação como professor-aluno, com a família, suas figuras de identificação especial, seus heróis etc.

Alguns aspectos devem ser ressaltados na interação professor-aluno: o aspecto cognoscitivo, que diz respeito à forma de comunicação dos conteúdos e tarefas escolares; o aspecto socioemocional, que diz respeito às relações pessoais entre o professor e o aluno; e as normas disciplinares indispensáveis ao trabalho docente.

Para Vygotsky (2007, p.131), o pensamento nasce das palavras. Esse autor afirma, ainda, que as palavras desempenham um papel central não só no desenvolvimento do pensamento, mas também na evolução histórica da consciência como um todo, ressaltando, portanto, a grande dimensão e importância da palavra e da linguagem no ser humano. Tais afirmações nos indicam a importância dos aspectos culturais, históricos e temporais em todo o processo educacional.

A instituição escolar é um universo em que cada um participa, no geral, e participa, também, na forma particular. Explicando melhor, o quotidiano de uma prática pedagógica é de tal maneira influenciado pelo currículo, disciplinas, programas, avaliações, problemas pessoais (tanto do aluno, quanto do professor), situações familiares conflituosas, entre outras, que não se percebe nítida e claramente todo o enorme contingente de situações e problemas ali vivenciadas no fim de cada hora, de cada dia, de cada ano escolar. Essas variáveis penetram tão fortemente nessa prática e envolvem tão plenamente esse conjunto que, algumas vezes, parecemos esquecer um referencial importante, qual seja: todos somos diferentes, todos ensinamos e todos aprendemos de formas diferentes, todos trazemos conosco uma história de vida (com êxitos e fracassos, com erros e acertos). Entretanto, a prática institucionalizada, e usualmente aceita, é a de que todos devemos ser iguais (o mais possível, pelo menos); todos devemos aprender da mesma maneira e todos devemos ensinar, também, da mesma maneira e forma.

Conclusão

A visão histórica da vida do Homem nos remete a pensar num homem sempre em mudança e que deve, portanto, ser preparado para mudanças. Parte da vida de uma maioria de pessoas é passada na escola, onde elas vivem sob a influência, tanto recebida quanto devolvida, dos efeitos de determinada prática pedagógica e resultados de aprendizagem, que também será vista aqui sob a perspectiva histórica para se compreender uma prática sempre em mudança. Se, por um lado, o professor se organiza e organiza a sua prática em função da manutenção e vigência dos valores e dos saberes de cada época (sistematização), por outro lado, é esse mesmo professor que, juntamente com outros segmentos da sociedade, deve organizar a sua prática pedagógica, para favorecer e antecipar as mudanças. O professor, além de profissional, é também uma pessoa que vive e convive com inúmeros problemas e circunstâncias implicados na aprendizagem, questões estas que envolvem o grupo social, as crenças e valores da sociedade. Talvez esse profissional não saiba exatamente qual é o papel que deve desempenhar como ator-professor e ator-pessoa. É desejável a sobreposição desses papéis, mas compreende-se que nem sempre é fácil porque as cenas mudam muito rapidamente e os cenários também, e, às vezes, os personagens se atrasam ou se adiantam um pouco no grande palco real da vida...

Por sua vez, os professores aqui sondados não associam inteligência ao rendimento escolar nem aos aspectos sociorrelacionais. Verifica-se, aliás, uma maior proximidade entre as posições dos professores de ambos os países e os alunos de níveis escolares mais avançados (aumento progressivo da referência a aspectos mais estreitamente intelectuais ou cognitivos, sucesso social, popularidade).

Fazendo a conexão entre inteligência e a avaliação, temos que, na maioria das vezes, alguns professores e os pais desconhecem os múltiplos aspectos que envolvem os processos cognitivos, ou seja, aqueles que permitem atingir os resultados planejados.

Na visão dos professores participantes desta pesquisa, os mesmos referem-se a uma "menor identificação da inteligência com os aspectos teóricos mais recentes", bem como há poucas referências à inteligência prática, à motivação, e aos aspectos mais sociais e artísticos, conforme Vygotsky (2007).

Um outro aspecto também notado nesta pesquisa foi que procurou-se na literatura alguns estudos voltados para as concepções de inteligência junto aos professores e o número desses estudos é bastante reduzido. Ainda assim, ressaltamos que os resultados indicam que as concepções diferem, se considerarmos o nível de ensino que lecionam. A partir dos dados obtidos nesta pesquisa, trazemos conceitos atuais e complementares e propomos a realização de novo estudo sobre esse tema envolvendo professores do Ensino Fundamental I e II, já agora em variados estados brasileiros. É oportuno que seja realizado na chamada Década do Cérebro, a fim de auxiliá-los na reflexão e atualização do que é ser inteligente, o que é inteligência e a sua interligação com a aprendizagem na prática pedagógica.

Referências

Andrade, M. S. de (2009). Estudo sobre dificuldade de aprendizagem da escrita de adolescentes em situação de risco. In J. C. S. Neto & M. S. de Andrade (Orgs.), *Múltiplas visões sobre aprendizagem e convivência humana* (pp.105-112). São Paulo: Expressão e Arte.

Bzuneck, J. A., (2001). A motivação do aluno: aspectos introdutórios. In E. Boruchovich, & J. A. Bzuneck (Orgs.), *A motivação do aluno: contribuições da psicologia contemporânea* (pp. 9-36). Petrópolis: Vozes.

Mettrau, M. B. (2007). Inteligência, criatividade, movimento e espaço: apreciando nossas diferenças. In C. A. de Ferreira M. & M. I. Ramos (Orgs.). *Psicomotricidade. Educação especial e inclusão social* (pp. 205-221). Rio de Janeiro: WAK.

Sternberg, R. J. (2000). *A inteligência para o sucesso pessoal: como a inteligência prática e criativa determina o sucesso*. Rio de Janeiro: Campus.

Vygotsky, L. S. (2007). *A formação social da mente*. São Paulo: Martins Fontes.

Sobre os autores

* * *

Adriana Roberta Almeida Monteiro
Possui graduação em Psicopedagogia pelo Centro Universitário FIEO (2008) e especialização em Psicopedagogia Institucional (2009) pela mesma instituição. Desenvolve pesquisas na linha Psicopedagogia: teoria e prática do Programa de Psicologia Educacional do Centro Universitário FIEO.

Carolina Saraiva de Macedo Lisboa
Possui graduação em Psicologia pela Pontifícia Universidade Católica do Rio Grande do Sul (1998), Mestrado (2000) e Doutorado em Psicologia pela Universidade Federal do Rio Grande do Sul (2005), com experiência (PDEE-sanduíche-Capes) na Universidade do Minho (Portugal). Professora do mestrado em Psicologia Clínica e da graduação em Psicologia da Universidade do Vale do Rio dos Sinos (Unisinos). Interessa-se pelo estudo do comportamento agressivo, em específico o fenômeno *bullying* e a violência na escola. Centra suas pesquisas nas relações entre pares e na identificação das sociocognições. Editora associada da revista *Contextos Clínicos*, membro do Membership Committee da International Society for

Study on Behavioural Development. Coordena dois projetos de pesquisa internacionais (EUA e Canadá). Participa de grupo latino-americano para intercâmbio de pesquisas sobre violência nas escolas. Tem experiência na área de Psicologia Clínica, enfoque Cognitivo-Comportamental, Psicologia do Desenvolvimento, Psicologia do Ensino e da Aprendizagem, Psicologia Social e Social Comunitária.

Cleomar Azevedo
Possui graduação em Pedagogia pela Universidade de São Paulo (1982), mestre em Educação pela Universidade de São Paulo (1994), doutora em Psicologia Social pela Pontifícia Universidade Católica de São Paulo (2002), e pós-doutorado em Sociologia Clínica, pela Pontifícia Universidade Católica de São Paulo (2005). Especialista em Psicopedagogia pela Universidade São Marcos (1987). Professora titular e pesquisadora do Programa de Psicologia Educacional do Centro Universitário FIEO. Coordena o curso de especialização em Alfabetização e Letramento: Múltiplas Perspectivas. Desenvolve oficinas de leitura e escrita junto a alunos com dificuldades de aprendizagem. É responsável pela publicação da série Alfabetização e Letramento: Múltiplas Perspectivas & Formação de Professores, da Editora Expressão e Arte. Suas pesquisas estão voltadas às questões de aprendizagem, em especial da leitura e escrita. Atua na área de Psicologia Educacional, Psicopedagogia, Educação, com ênfase em Alfabetização.

Danielle Garcia
Graduação em Psicologia pela Universidade Federal do Rio Grande do Norte, atualmente desenvolve pesquisa sobre aAlterações cognitivas em crianças com lesões cerebrais adquiridas no mestrado em Psicologia da Universidade Federal do Rio Grande do Norte.

Guilherme Ebert
É graduando em Psicologia pela Universidade do Vale do Rio dos Sinos (Unisinos). Bolsista de Iniciação Científica Unibic, desenvolve pesquisa

na área de "violência e comportamento agressivo", na linha de pesquisa "Subjetividade contemporânea e práticas clínicas", do Programa de Pós-Graduação em Psicologia da Unisinos.

Izabel Hazin
Professora Adjunta II do Departamento de Psicologia da Universidade Federal do Rio Grande do Norte. Psicóloga (PUC-SP), com especialização em Neuropsicologia (UFPE), mestrado e doutorado em Psicologia cognitiva (UFPE), tem experiência na área de Psicologia, com ênfase em Neuropsicologia do Desenvolvimento e da Aprendizagem. Coordena o Laboratório de Pesquisa e Extensão em Neuropsicologia (LAPEN-UFRN), desenvolve pesquisas no âmbito da Neuropsicologia do Desenvolvimento e da Educação Especial, investigando as relações entre a organização e o funcionamento do sistema nervoso central e a aprendizagem, notadamente no domínio da educação matemática.

João Clemente de Souza Neto
Possui graduação em Ciências Sociais pela Faculdade de Filosofia Nossa Senhora Medianeira (1987), mestrado (1992) e doutorado (1997) em Ciências Sociais pela Pontifícia Universidade Católica de São Paulo e pós-doutorado em Sociologia Clínica, pela Pontifícia Universidade Católica de São Paulo (2005). Atualmente é professor titular e pesquisador do Programa de Pós-Graduação em Psicologia Educacional do Centro Universitário FIEO e membro do Socius, Centro de Investigação em Sociologia Econômica e das Organizações do Instituto Superior de Economia e Gestão (Universidade Técnica de Lisboa). Pertence ao Instituto Catequético Secular São José, à Pastoral do Menor e à Associação Civil Gaudium et Spes, atuando na área da criança, do adolescente e famílias em situação de vulnerabilidade social. Tem experiência na área de Ciências Sociais com ênfase no campo da infância e da adolescência, atuando principalmente nos seguintes temas: cultura, subjetividade, pedagogia social, cidadania, direitos sociais, educação e exclusão social.

Juliana Sbicigo
Possui graduação em Psicologia pela Universidade do Vale do Rio dos Sinos (2008). Atualmente está cursando mestrado em Psicologia pela Universidade Federal do Rio Grande do Sul. Atua na área de pesquisa em Psicologia, com ênfase em Psicologia do Desenvolvimento Humano, nos seguintes temas: família, adolescentes e ajustamento psicológico. É membro do Núcleo de Estudos e Pesquisas em Adolescência (NEPA/UFRGS). Na área de Psicologia Clínica, tem experiência em psicoterapia cognitivo-comportamental.

Leda Maria Codeço Barone
Possui graduação em Pedagogia pela Faculdade de Filosofia, Ciências e Letras Sedes Sapientiae da Pontifícia Universidade Católica de São Paulo (1972), mestrado em Psicologia Escolar pelo Instituto de Psicologia da Universidade de São Paulo (1983) e doutorado em Psicologia Escolar pelo Instituto de Psicologia da Universidade de São Paulo (1990). Especialização em Psicanálise pelo Instituto Sedes Sapientiae (1992) e pelo Instituto de Psicanálise da Sociedade Brasileira de Psicanálise. Atualmente é professora titular, orientadora e pesquisadora do Centro Universitário FIEO. Membro de corpo editorial de *Percurso: Revista de Psicanálise* e do *Jornal de Psicanálise*. Tem experiência na área de Psicologia, atuando principalmente nos seguintes temas: distúrbios da aprendizagem, psicanálise, psicopedagogia, função terapêutica da literatura.

Luiza de Lima Braga
É psicóloga graduada pela Universidade do Vale do Rio dos Sinos (Unisinos) (2009). Atualmente é mestranda em Psicologia pela Universidade Federal do Rio Grande do Sul (UFRGS). Na área de pesquisa, vem atuando principalmente nos seguintes temas: relações entre pares, adolescência, comportamento violento, *bullying* e aprendizagem. É membro do grupo de pesquisa violência e comportamento agressivo (Unisinos/CNPQ) e membro do Núcleo de Estudos e Pesquisas em Adolescência (NEPA/UFRGS).

Márcia Siqueira de Andrade

Graduada em Educação Artística pela Faculdade de Belas-Artes Santa Marcelina (1978), possui mestrado em Psicologia da Educação pela Pontifícia Universidade Católica de São Paulo (1994), doutorado em Psicologia da Educação pela Pontifícia Universidade Católica de São Paulo (1997). Atualmente é professora titular e coordenadora do Programa em Psicologia Educacional do Centro Universitário FIEO. Membro do Comitê de Ética em Pesquisa (CEP) do Unifieo, coordenadora do GT Aprendizagem humana na Associação Nacional de Pesquisa e Pós-Graduação em Psicologia (ANPEPP). Editora do periódico *Cadernos de Psicopedagogia*. Seus principais interesses estão voltados para o estudo dos processos de aprendizagem humana em seu desenvolvimento integral e dificuldades específicas, entendendo que nesse processo as variáveis psicológicas encontram-se articuladas a componentes sociais. Suas pesquisas nessa área têm investigado a aprendizagem em diferentes contextos: escola, família, abrigos. Atualmente tem se dedicado ao estudo de temas relacionados à identificação dos aspectos preditivos dos problemas de aprendizagem da lectoescrita.

Maria Judith Sucupira da Costa Lins

Graduada em Pedagogia pela Faculdade de Filosofia do Recife (1969), mestre em Educação pela Pontifícia Universidade Católica do Rio de Janeiro (1972) e doutora em Educação pela Universidade Federal do Rio de Janeiro (1989). Desenvolveu pesquisa de pós-doutoramento sobre Filosofia da Educação e Ética, tendo apresentado trabalho final na Association for Moral Education Conference, Chicago, EUA, (2002). Professora adjunta do Departamento de Fundamentos da Educação da Faculdade de Educação da Universidade Federal do Rio de Janeiro. Membro da Academia Brasileira de Educação na Cadeira Tobias Barreto desde junho de 2009. Experiência na área de Filosofia da Educação, com ênfase em Ética e Educação Moral. Atuação nas seguintes áreas: ética, escola e educação moral, história da educação e filosofia da educação e psicologia da educação (desenvolvimento infantil e do adolescente e aprendizagem). Coordena pesquisas no Grupo de Pesquisas de Ética e Educação da UFRJ.

Maria Laura Puglisi Barbosa Franco

Possui graduação em Pedagogia pela Faculdade de Filosofia, Ciências e Letras Sedes Sapientiae (1960), mestrado em Educação (Psicologia da Educação) pela Pontifícia Universidade Católica de São Paulo (1977), doutorado em Educação (Psicologia da Educação) pela Pontifícia Universidade Católica de São Paulo (1981) e pós-doutorado em Educação pela Universidade Estadual de Campinas (1985). Trabalhou como pesquisadora na Fundação Carlos Chagas, é professora aposentada da Pontifícia Universidade Católica de São Paulo, e atualmente atua como professora titular do Programa de Psicologia Educacional do Centro Universitário FIEO. Pesquisadora do Centro Internacional de Estudos em Representações Sociais e Subjetividade - Educação da Fundação Carlos Chagas, é colaboradora do Instituto Nacional de Estudos e Pesquisas Educacionais e membro do Comitê Editorial da *Revista Brasileira de Estudos Pedagógicos* do INEP/MEC. Tem experiência na área de Educação, com ênfase em Psicologia Educacional, atuando principalmente nos seguintes temas: ensino médio, avaliação educacional, políticas educacionais e representações sociais.

Marsyl Bulkool Mettrau

Possui graduação em Pedagogia pela Universidade Estadual do Rio de Janeiro (1975), mestrado em Educação pela Universidade Estadual do Rio de Janeiro (1981) e doutorado em Educação (Psicologia da Educação) pela Universidade do Minho (1995). Professora da Universidade Estadual do Rio de Janeiro (aposentada). Atualmente é professora titular da Universidade Salgado Oliveira/Universo, curso de Pós-Graduação em Psicologia Social. Líder de grupo de pesquisa Conselho Nacional de Desenvolvimento Científico e Tecnológico/CNPq. Parecerista de inúmeras revistas, congressos, encontros e simpósios técnico-científicos. Membro do Conselho Europeu para Altas Habilidades (ECHA), da Federación Iberoamericana del Consejo Mundial de Niños Superdotados y Talentosos (FICOMUNDYT - Espanha), da Associação Nacional para o Estudo e Intervenção na Sobredotação (ANEIS - Portugal). Organizadora e autora de diversos livros. Tem experiência na área de Educação, com ênfase em tópicos específicos de Educação. Atuando principalmente nos seguintes temas: educação, inteligência, prática pedagógica, professores.

Nilce da Silva
Graduada em Ciências Sociais pela Universidade de São Paulo (1986), com mestrado em Educação pela Universidade de São Paulo (1996) e doutorado em Educação pela Universidade de São Paulo, com estágio apoiado pela Capes na Universitè Paris Nord (2001). Atuou como professora associada na Universitè du Québec à Trois-Rivières, Canadá, nos anos de 2009 e 2010. Atualmente participa de diferentes grupos de pesquisa na região do Quebec e da Estrie nesse mesmo país. É professora da Faculdade de Educação da Universidade de São Paulo, coordenadora do Grupo de Pesquisa, Ensino e Extensão Estudo de Populações (i)migrantes no Brasil e no mundo: o papel da instituição escolar. Editora do periódico *Acolhendo a Alfabetização nos Países de Língua Portuguesa*. Fundadora e vice-diretora do Núcleo de Estudos Canadenses (NEC-USP). Tem vasta experiência na área de Educação, com ênfase na relação estabelecida entre instituição escolar, aprendizado da língua materna e país de recepção no processo de imigração.

Nyrma Souza Nunes de Azevedo
Possui graduação em Pedagogia com habilitação nas áreas de Orientação Educacional, Supervisão e Administração Escolar, mestrado em Educação na área de Métodos e Técnicas de Ensino pela Pontifícia Universidade Católica do Rio Grande do Sul e doutorado em Educação pela Universidade Federal do Rio de Janeiro (1996). Professora associada da Universidade Federal do Rio de Janeiro (Psicologia da Educação). Coordenadora do Laboratório do Imaginário Social e Educação da Universidade Federal do Rio de Janeiro e do Grupo de Pesquisa Educação e desenvolvimento humano (Faculdade de Educação da Universidade Federal do Rio de Janeiro). Desenvolve pesquisas sobre aprendizagem e semiótica voltadas para a educação e a cultura.

Silvia Schlemenson

Possui graduação em Psicologia pela Universidade de Buenos Aires (1971) e doutorado em Psicologia pela Universidade de Buenos Aires (2002). Atualmente é professora titular da Universidade de Buenos Aires, professora convidada da Universidade de León (Espanha) e da Universidade de San Luis de Potosí (México) e professora colaboradora da Universidade Nacional del Comahue (Argentina). Consultora do Consejo Nacional de Investigaciones Científicas y Técnicas, consultora da United Nations Childrens´ Fund (Unicef). Diretora do Programa de Assistência Psicopedagógica de crianças com problemas de aprendizagem (UBA), e de projetos de pesquisa sobre "Problemas de aprendizagem na infância e na adolescência" (Ubacyt, Mincyt, Capes). Tem experiência na área de Psicologia, com ênfase em Psicopedagogia Clínica, atuando principalmente nos seguintes temas: aprendizagem, constituição psíquica, processos de simbolização, narrativa e linguagem.

Síntria Labres Lautert

Graduada em Psicologia pela Universidade Federal de Pernambuco (2004) e em Pedagogia pela Universidade do Vale do Rio dos Sinos (1991), com mestrado (2000) e doutorado (2005) em Psicologia Cognitiva pela Universidade Federal de Pernambuco. Atualmente exerce a função de coordenadora do Curso de Psicologia da UFPE e é professora adjunta II do Departamento de Psicologia da Universidade Federal de Pernambuco. Experiência na área de Educação, principalmente nas séries iniciais. Participação na avaliação de crianças com altas habilidades/superdotação no Núcleo de Altas Habilidades/ Superdotação — NAAH/S (Ministério da Educação). Coordena o Núcleo de Pesquisa em Psicologia da Educação Matemática, desenvolvendo pesquisas sobre aprendizagem e aquisição de conceitos matemáticos.